AF295246

De sista ljuva åren

Eva Hellman

De sista ljuva åren

© Eva Hellman 2024

Förlag: BoD – Books on Demand, Stockholm, Sverige

Tryck: BoD – Books on Demand, Norderstedt, Tyskland

ISBN: 978-91-8097-401-1

Innehåll

Författarens förord

Det här är en berättelse om två helt vanliga människor i slutet av sina liv. De har behov (mat, god hygien, värme, sömn och socialt umgänge med mera) som alla människor behöver få uppfyllda för att må bra. Paret har levt sitt liv i en mellanstor stad i Sverige. När de kommer till slutet av sina liv blir de sjuka och beroende av äldreomsorg. Här är berättelsen om vad de får uppleva de sista åren där förtryck, vanvård och underkastelse påverkar hela familjen. I berättelsen finns även vittnesmål utifrån andra äldre i familjens närhet. Denna bok beskriver en kamp för äldres frihet och människovärde i ett demokratiskt samhälle där gruppen äldre kommer att öka för varje år framåt. Författaren hänvisar till fakta enligt de lagar som styr hälso- och sjukvård samt äldreomsorg. Även läroplansmål från skolverket där vårdelevens kompetenskrav regleras finns med. En hel del samhällsbelysande diskussioner förs angående vad och hur allt kunde gå så fel. Att få ett värdigt avslut av livet är allas rättighet.

Arvid och Astrid

Arvid sitter vid köksfönstret. Han tittar ut i trädgården. Det är eftermiddag och det börjar bli mörkt ute. Om en månad är det advent och då får de ta fram belysningarna och göra fint i både trädgård och inomhus. Det är tur att julen kommer och lyser upp höstmörkret. Julens höjdpunkt för honom de senaste åren är annars julklappspelet (1). Då sitter de samlade hela familjen i den fina matsalen och spelar. Arvid brukar trigga de två barnbarnen och ta deras paket. Olof det yngsta barnbarnet är en riktig tävlingsmänniska. Honom är det inte svårt att få igång. Sedan ser de alltid på Karl-Bertil Jonssons jul. Det hör till att göra det.

Astrid är på sjukhuset för att kontrollera sitt hjärta. Hon fick ta bussen dit för Arvid kan inte köra bilen längre. Någon färdtjänst får de inte fast de ansökt om det. Ibland har något av barnen tid att skjutsa men den här dagen arbetar både Christina och Sören.

Arvid gör i ordning kaffe och tar fram en bit äpplekaka från frysen så att allt är klart när Astrid kommer hem. Äpplekaka gjord av de egna äpplena med mycket vaniljsås till. Hon borde komma vilken minut som helst. Hade han varit piggare skulle han gått till busshållplatsen och mött henne, men nu finns det inte ork till det. Efter en stund ser han något röra sig i mörkret. Det är Astrid. En varm känsla sprider sig i kroppen. Nu kan de äntligen dricka kaffe och äta äpplekaka och så ska Arvid berätta för Astrid om sin idé med köksmattan.

Astrid är trött efter utflykten till sjukhuset. Hon ser väldigt dåligt och det blir värre i mörkret. Det gör att det är svårt att se var hon ska sätta fötterna.

På sjukhuset hade de flyttat mottagningen hon skulle till, men hon fick ledsagning av en Rödakorsvärd. De går tillsammans i korridorer och trappor. Sedan kommer de fram till en skylt med Kardiologmottagning.

— Hit hade jag aldrig hittat själv.

— Nej, men nu är du här. Anmäl dig i luckan så att de vet att du är här.

Hjärtat mådde bra men hon skulle börja med ett nytt läkemedel för att få ned blodtrycket ytterligare. Hon går till apoteket efter besöket. Det är många kunder före henne på apoteket. Hon sätter sig ned i en stol för att vänta. När det blir hennes tur visar det sig att läkemedlet inte finns hemma. Astrid får be sonen Sören hämta ut det en annan dag. Apotekaren lovar att skicka ett sms när de fått hem läkemedlet. Sedan tar Astrid bussen hem. Hon har ett busskort som Sören laddat med pengar. Själv klarar hon inte att ladda kortet. Det svåra med att åka buss när det är så mörkt är att veta var hon är och var hon ska gå av. Hon ber därför busschauffören ropa ut när de närmar sig hennes hållplats för att hon i tid ska kunna förbereda sig för att kliva av. När hon klivit av bussen står hon en stund i mörkret för att se åt vilket håll hon ska gå. Det lyser från den lilla affären där hon brukar handla. Den känner hon igen och tar sikte på den. Sedan är det bara att gå gatan ner så är hon hemma. Det regnar men hon bryr sig inte om att ta upp paraplyet. Lite blöt är inte farligt att bli. Nu vill hon bara komma hem och in i värmen.

Det känns så skönt att vara hemma igen. Arvid och hon ska dricka kaffe. Sedan får hon nog vila en stund innan det är dags för kvällsmat och kvällens tv-program. Nu mera äter de inte så mycket på kvällarna. Astrid brukar dricka te och smörgås och Arvid tar nyponsoppa till smörgåsen. De vill gärna se nyheterna och följa det som händer i samhället både lokalt och nationellt. Det gör de för att sedan kunna diskutera utvecklingen i samhället och olika händelser både negativt och positivt. Det är också viktigt för dem att vara uppdaterade när de träffar barn, barnbarn och vänner för att prata. De tycker det är intressant att höra hur andra resonerar och tänker. Framför allt barnbarnen som har en helt annan syn på saker. Arvid och hon tittar också mycket på frågesport, dokumentärer och musikprogram. Det gör de för att hålla hjärnan igång precis som med korsorden de löser tillsammans. Arvid har också ett stort musikintresse. En gång i tiden spelade han i ett jazzband, men det var länge sedan. Med åren har han samlat på sig en fin samling skivor. Ofta sitter han i sin fåtölj och lyssnar. Då har han hörlurar på som tur är, för mycket av jazzmusiken tycker Astrid bara är ett tutande av saxofoner. Den musiken kan hon vara utan. Astrids favoritmusik är i stället dragspelsmusik. Tidigare gick de mycket på konserter men nu blir det mer sällan. Ska de komma iväg behöver något av barnen följa med dem.

Efter att de druckit kaffe berättar Arvid för Astrid hur han tänkt göra med köksmattan som de brukar lämna in för tvätt till jul.

– Vi kan lägga mattan i bubbelbadkaret

– Vilken bra idé. Det provar vi.

Arvid rullar ihop mattan och tar den under armen. De går gemensamt ut i badrummet. Han fyller badkaret med varmt vatten och Astrid häller i tvättmedel och sätter igång bubblet. De står tillsammans och tittar på när karet fylls med bubblor.
– Nu blir mattan ren till jul.
Astrid tar ett kort med mobilen på mattan som bubblar runt i badkaret.
– Skicka en bild till Erik och Olof. De tyckte ju om att bada i karet när de var små.
Astrid är snabb med att skriva till de två barnbarnen. Olof svarar genast. »Ni är för tokiga«. Astrid tycker mobilen är ett fantastiskt redskap, medan Arvid ser det mer som en säkerhet att ta med sig när han går ut. Han tar hellre bilder med sin kamera. Telefonen använder han bara i nödfall.
– Tänk vad bra vi har det.
– Astrid tar Arvids hand.
– När jag växte upp bodde vi i ett rum och kök med utedass. Bada fick vi göra hos min pappas syster som bodde i lägenhet med badrum.
– Ja visst har vi det bra. Du vet ju Astrid att jag växte upp i ett rum och kök, men vi bodde i lägenhet med badrum. Däremot hade vi en inneboende fast lägenheten var så liten. Jag var därför nästan alltid ute och lekte. Pappa hade kolonilott där han odlade grönsaker och födde upp kaniner under krigstiden. Vi fick ofta kanin till söndagsmiddag. Kanin vill jag aldrig äta mer. Tacka vet jag nötstek med potatis, sås och lingon.
Några veckor senare sitter Arvid på sin rollator vid framsidan av huset och väntar på Sören som ska komma och hjälpa till

att sätta upp julbelysning i träden. Rollatorn har Arvid inte riktigt vant sig vid men ska han komma ut behöver han ha den. Benen bär inte längre. Sören får även hjälpa Astrid att ta ner kartongen med adventsljusstakar. Den står högt upp på en hylla i klädkammaren och dit når hon inte.

I veckan har Astrid bakat lussekatter inför advent, hon njuter av att se det vackra gula brödet. Det luktar gott i hela huset. Hon oroar sig för Arvid som blivit svagare den senaste tiden. Astrid vet att det är viktigt att han äter och dricker ordentligt utifrån de tarmbesvär han har, men Arvid har inte samma aptit längre. Inte hör han heller. Han envisas med att inte använda hörapparaterna. De ligger i byrålådan. Astrid själv har vant sig vid hörapparaten. Tycker det går bra förutom när det blir många människor som pratar samtidigt. Det svåra är att byta batterier i hörapparaten. Hon får sitta vid köksbordet under kökslampan för att göra det. Pilligt är det men det går. Batterierna räcker en vecka sedan är det dags att byta. Hon beställer nya med en blankett som hon skickar in med posten. De nya batterierna kommer sedan hem i brevlådan.

Christina och Sören

Christina är på sitt arbete på den medicinska vårdavdelningen på sjukhuset. Där har hon arbetat i många år som sjuksköterska. Ibland har hon tänkt byta arbete men hon älskar kontakten med patienterna även om det blivit mindre tid för det de senaste åren. Nu går mycket av tiden till registrering och dokumentation i olika system. Hon tycker de digitala systemen är svåra eftersom de kräver lösenord för att komma in i och inget system är det andra likt. Det digitala stressar henne. Christina är rädd för att hon ska klicka på fel saker och att det då blir felregistreringar.

När hon började arbeta som sjuksköterska hade de »kardex« som var en enkel översikt av varje patient. I kardex dokumenterade de med blyertspenna och suddade ut när något skulle ändras. Sedan hade de en pärm för dokumentation med bläckpenna där de skrev korta noteringar. De som arbetade natt skrev med rött.

Nu är det snart advent och avdelningens adventsljusstakar ska tas fram. Varje år är det någon ljusstake som inte fungerar. På fredagen innan advent ska det lysa i fönstren. Det är en fin tradition som Christina tycker är viktig att de håller fast vid på vårdavdelningen.

Hon måste ta tag i det där med slutbedömningen av sina två studenter. Den ena har varit bra på många sätt men den andra har svårt att räkna. Språket är knackigt det med. Studenten säger att hon förstår när Christina berättar hur hon ska göra, men sen blir det fel i alla fall. Adjunkten från utbildningen kommer på måndag och då måste hon ha bestämt sig om hon ska godkänna båda två eller ej. Det behövs nya sjuksköterskor men för den skull kan hon inte bidra till att studenter godkänns som inte har de grundläggande kunskaperna. Det blir farligt. Hon tänker ibland att det förekommer studenter som hon inte skulle vilja ha som kollegor på grund av bristande kunskaper hos dem. Flera av dem är rädda för patienterna. De förstår inte hur viktigt det är att se patienten, prata med dem och deras anhöriga. Att skapa en relation. Hon tycker studenterna förlitar sig för mycket på olika mätvärden och skaffar sig inte en egen bild av patienten. En del av dem googlar när ett problem dyker upp. Hur skulle hon klarat sitt arbete om hon inte pratat med, och sett patienterna? När hon började arbeta på den medicinska vårdavdelningen var det 35 patienter på varje avdelning och ibland två, tre extrapatienter. Arbetade hon natt hade hon två vårdavdelningar. På varje vårdavdelning tjänstgjorde två undersköterskor på natten. De var duktiga och kompetenta, hon kunde lita på dem. Undersköterskorna hade en god förmåga att bedöma när en patient blev sämre. Varje arbetspass startade med att de gemensamt gick runt och hälsade på alla patienter. Då kunde hon snabbt skapa sig en egen uppfattning av hur patienterna mådde. Det var en rolig tid att tänka tillbaka på.

Sören arbetar mycket men trivs med sitt arbete som bagare. Arbetstiderna är det bästa med jobbet som bagare, börja tidigt och sluta tidigt på eftermiddagen. Han märker att föräldrarna behöver mer och mer hjälp och då kan han åka till dem en stund efter arbetet. Bra är att föräldrarna tar hjälp med städning varannan vecka och så har Arvid en trädgårdshjälp som heter Ronny. Det är tur att Ronny hjälper honom med trädgården för blommor och växter har inte Sören något intresse av. Det skulle bara bli tokigt om han började arbeta i trädgården. Han nöjer sig med att plantera blommor i blomlådan på balkongen. Däremot hjälper han föräldrarna med bilen. Besiktar den, byter däck och tvättar den ibland. Han märker att hans pappa sätter stort värde i att ha en fin bil i garaget även om han inte kör den längre. Arvid tycker också om att baka och tycker att Sören har ett bra arbete som får vara bland bakverken hela arbetsdagarna. Ibland tar Sören med sig något från bageriet när han kommer på besök. Det uppskattar föräldrarna.

Sören oroar sig för hur det ska gå för föräldrarna framöver. Flera arbetskamrater har berättat hemska historier om hur deras föräldrar haft det sina sista år i livet. Hans närmaste arbetskamrat Kent hade sin mamma på ett vårdboende. När han kom dit en söndagseftermiddag låg mamman död i sängen. Hon hade varit död i flera timmar. Ingen hade kontaktat de anhöriga. De som arbetade på förmiddagen visste inte hur de skulle göra och hade därför väntat på att personalen som arbetade på kvällen skulle komma. Ingen kunde tala om för Kent när mamman dött. Helt klart var att hon hade dött ensam utan någon vid sin sida. Kent har svårt att komma över att han inte fick vara hos sin mamma när hon gick bort. Han tänkte först göra en anmälan men har inte orkat. Det har varit tillräckligt för honom att ordna med begravning och ta hand om dödsboet. Sören tycker det är svårt att prata med Kent om hans mammas bortgång. Under Sörens egen uppväxt pratade föräldrarna aldrig om döden. När någon i hans egen släkt gått bort var det bara som att det var naturligt att försvinna från jordens yta. Hur de dött eller varför pratades det aldrig om. Han vet därför inte riktigt vad han ska säga till Kent. Sören vill helst inte tänka på hur det kommer att bli för hans föräldrar. Han har ingen kunskap om hur det ska gå till och vad de äldre har för rättigheter. Som tur är bor han och Christina i samma stad som föräldrarna. Christina vet nog en del eftersom hon är sjuksköterska. Det känns tryggt.

Moster Edit

Det är söndag och Christina står i hallen och har precis tänk gå ut på en promenad. Då ringer telefonen. Först tänker hon inte svara men sedan ser hon att det är hennes kusin Maria som ringer. Hon brukar inte ringa så ofta nu för tiden. Christina svarar och hör genast att något inte är bra.

– Mamma gick bort i natt säger Maria och gråter. Det är så hemskt hur det blev för henne den sista tiden i livet.

Marias föräldrar Kurt och Edit bodde i ett hus på landsbygden. Edit hade begynnande demens och var kraftigt kärlsjuk. Paret klarade sig med hjälp av hemtjänst och hemsjukvård som gjorde tillsynsbesök och delade medicin. Vårdcentralens läkare ansåg att det skulle vara bra om Edit fick Apodos (medicin uppdelad i små portionspåsar) istället för att ta medicinen ur en dosett. Vid uppstarten av Apodos kom en undersköterska hem till Kurt och Edit och lämnade dospåsarna. Undersköterskan informerade på knapphändig svenska om att det blodförtunnande läkemedlet Waran skulle tas direkt från medicinburken. Edit förstod inte informationen och Kurt hörde inte vad undersköterskan sa på grund av nedsatt hörsel. Detta ledde till att Edit var utan Warantabletter i fem dagar. Efter de fem dagarna tas kontakt med hemsjukvården då hon fått mycket värk i ena underbenet och svårt att andas. En sjuksköterska från hemsjukvården bedömer andningsbesvären som oro och tar inte så stor notis vad gäller bensmärtan, ingen läkarbedömning genomförs. Närmaste dygnet förvärras situationen och Edit får söka akut hjälp.

På akuten undersöks Edit och man utesluter propp i lungan. Efter det läggs Edit in på en medicinavdelning med misstanke om oklar infektion. Hon behandlas med antibiotika för det. I övrigt genomförs ingen annan utredning. Nästa dag har hon ännu mer ont i benet. Det tar sedan 30 timmar från det att hon kommer in på akuten till det att det fastställs att hon har en total avstängning av lårbensartären i vänster ben vilket kräver amputation.

Vårdtiden efter amputationen följs av bristande dokumentation av sårstatus och bristande kommunikation mellan geriatriker och ortoped vilket gör att såret försämras och att en ny operation måste genomföras.

Edit flyttas efter vårdtiden på sjukhuset till ett vårdboende eftersom hon är helt vårdberoende, sittande i rullstol några timmar per dag och sängliggande. Hon har bott på vårdboendet ett och halvt år innan hon nu gått bort.

Maria berättar för Christina att föräldrarna varit förutseende och skrivit ned hur de ville ha det när de gått bort.

– Allt är bestämt och pappa och jag behöver inte fundera över hur mamma ville ha det. Det känns skönt för mig som är ensambarn.

– Du kan ringa till mig om du behöver prata med någon. Vi har upplevt så mycket tillsammans, nästan som systrar, säger Christina.

De avslutar samtalet och Christina lovar att berätta vad som hänt för sina föräldrar och bror. Sedan tar hon på sig ytterkläderna och går ut på promenad. Det snöar ute och det knarrar under fötterna när hon går. Hon är både arg och ledsen. När livet känns tungt brukar hon gå ut och gå för att tänka och hitta lösningar på problem. Det är ett sätt för henne att laga själen. Under promenaden tänker hon på alla fina minnen hon har av Edit, Kurt och kusinen Maria. Moster Edit skrattade ofta och tyckte om att hitta på roliga saker. Hon hade humor och fantasi och var nästan alltid glad. Inget var omöjligt för henne. Kurt älskade sin Edit och det märktes att de trivdes tillsammans. De var goda snälla människor som sällan gnällde. Hennes kusin Maria har ärvt de egenskaperna.

Familjerna levde nära varandra. När Christina växte upp åkte familjen ofta till Kurt och Edit några dagar på semestern. Maria och Christina lekte tillsammans och ibland fick även Sören vara med. Edit var bra på att berätta sagor och historier när de skulle sova om kvällarna. Värst var historierna om trollet som bodde i brunnen ute på gården. Sådan fantasi hade inte Christinas mamma. Hon läste istället högt för dem ur barnböcker som Pippi Långstrump och Babar. En saga de älskade att höra var den om Lisa och Lena som hade rödahund och så sagan om Lasse Larsson som fick åka ambulans. Christina och Maria lekte att de var sjuka och fick åka ambulans. Då fick Sören vara med och köra ambulansen. Inte konstigt att både Maria och Christina valde att utbilda sig till sjuksköterskor. Födelsedagar firade familjerna tillsammans. På det viset träffades de ganska ofta och hade trevligt tillsammans. Christina tycker att det är viktigt att ha goda relationer i en familj. Det känns tryggt att ha det när något svårt händer. Tyvärr hade de inte haft någon bra kontakt med Edit sedan hon flyttade till vårdboendet. Hon orkade bara ta emot besök korta stunder. Kurt däremot var pigg fortfarande men hans hörsel blir bara sämre och sämre. Han pratar helst inte i telefon längre.

Christina funderar på vad hon ska säga till sin mamma och pappa om Edits bortgång. Det där med döden hade alltid varit svårt att prata om med föräldrarna. Döden gör sig påmind flera gånger under livets gång. Det går inte att undvika men hennes egna föräldrar vill inte höra talas om den. Christina vet därför inte hur hennes föräldrar vill ha det när de har gått bort. Det får Sören och hon ta hand om när den dagen kommer. Jag ska i alla fall berätta för mamma att Edit och Kurt redan planerat för hur de vill ha det. Begravning i kyrkan i det lilla samhället för de närmaste och sedan kaffe med landgång efteråt. En gravplats ville de ha med en vacker sten. Maria berättade också att de bestämt att de vill kremeras. Det kommer bara bli en urna i kyrkan som sedan sätts ned när våren kommer. Datum för begravning återkommer Maria med.

När Christina kommer hem från promenaden ringer hon till Astrid och Sören. De bestämmer att de ska ses på eftermiddagen hemma hos förädlarna. Astrid är ledsen men samtidigt känns det bra att Edit inte behöver lida mer.

– Hon försvann för mig när vi inte kunde ringa varandra längre. Hon var min bästa vän säger Astrid.

Tidigare hade de haft daglig kontakt med varandra.

Arvid hämtar några av fotoalbumen från förr och sätter på en skiva med Sven Bertil Taube. Det är en av Astrids favoritskivor.

– Vi har haft så mycket roligt tillsammans. Det får vi tänka
  på nu.
De tittar i fotoalbumen och pratar om allt roligt de har gjort
tillsammans. Det blir en trevlig stund trotts allt.

Väninnan Majvor

Christina träffar sin före detta arbetskamrat Majvor. De ska äta lunch i sjukhusets matsal. Majvor utbildade sig för några år sedan till vårdlärare och arbetar i dag på vuxenutbildningen för undersköterskor. Christina tycker om att diskutera med Majvor om olika saker inom vårdområdet. De har mycket gemensamt och hon är en bra vän att ventilera saker med. När de kommer till matsalen sätter de sig oftast lite avskilt för att andra inte ska höra vad de säger. Det har blivit en vana att sitta där om det är ledigt.

Majvor är trött på eleverna som hon beskriver har problem på olika sätt.

– Nivån är så låg suckar hon. Det blir mycket socialt arbete med dem hela tiden. En anledning till att arbetet blir svårt är att Skolverket sänkte kraven för att bli godkänd i ämnet omvårdnad.

Majvor skakar på huvudet och fortsätter prata.

– Som lärare får jag i stort sätt godkänna alla fast jag vet att de inte är lämpliga. Att till exempel uppnå kunskapskravet översiktlighet = E (2) räcker inte idag för att självständigt kunna ta ansvar för multisjuka, skadade eller handikappade. Betygskriteriet »översiktlig nivå« är så luddigt formulerat att det möjliggör ett stort eget tolkningsutrymme hos varje pedagog. Det i kombination med skolornas konkurrensutsatthet där krav ställs från varje skolenhet att godkänna så många som möjligt har bidragit till en stor kunskapsförflackning inom utbildningarna. Det kan tänkas inte vara så viktigt för en målar- eller konditorlärling, (mer än att den inte blir någon efterfrågad hantverkare i arbetslivet), men när det gäller vårdyrken är det förenat med livsfara. Med den låga kunskapsnivån skall de ansvara för multisjuka människor. Vi pedagoger som är sjuksköterskor vet att betyg E egentligen innebär att eleven inte är anställningsbar. Skolverket säger annat och enhetscheferna anställer enligt Skolverkets betygskriterier. Kriterierna kom till på grund av ökat behov av vårdpersonal. Tyvärr arbetar flera av eleverna som skrivs in på skolorna redan som timanställda och då tar de helst pass på kvällar, helger eller nätter eftersom de får bättre betalt då. Under de passen arbetar de oftast ensamma och får inte någon handledning av erfaren personal. De ska då hantera läkemedel korrekt, kunna bedöma symtom som tecken på försämring, agera och hantera komplexa situationer korrekt.

Christina nickar mot Majvor och tar en tugga till.

— Annat de behöver kunna är att förstå vikten av basal omvårdnad och dessutom kunna kommunicera med vårdtagaren för att få en korrekt bild av behoven hos denne. Har vårdpersonalen inte kunskap använder de det de »tror« är rätt och utgår från sin egen kunskap/erfarenhet. Då har det ingen betydelse vad patienten vill eller har för behov. De här arbetstagarna finns idag på varje vårdenhet i Sverige inom äldrevård och LSS (Lag om stöd och service till vissa funktionshindrade) (3). Många av de som arbetar inom äldreomsorgen har inte en enda dags utbildning och ofta har de mycket bristfälliga språkkunskaper i svenska då även våra Sfi- utbildningar (svenska för invandrare) (4) är konkurrensutsatta och en ständig tävling om elever pågår. Sammantaget har det medfört en betygsinflation även där.

Majvor fortsätter berätta om en elev som inte ville vara kvar på sin praktikplats på ett vårdboende i centrum, hon grät då hon gick hem. Personalen var elaka mot de boende och det skedde mycket grava vårdtillbud.

– Den eleven hjälpte jag till en annan placering. Eleven var en av de bästa i den klassen. Jag kan ju inte skrämma bra elever med att visa vårdens krassa verklighet.

Majvor menar att flera av eleverna säkert kan lära sig yrket bara de lär sig språket och får arbeta dagtid tillsammans med någon erfaren samt att de inte ska hantera läkemedel utan läkemedelsutbildning. Så är det inte idag. Naturligtvis finns det de som helt enkelt inte passar in. Dock är rekommendationerna ofta från arbetsförmedlingarna att gå denna utbildning. Tanken är att alla skall försörja sig själva, och arbete finns alltid inom vården.

– Som jag ser det, säger Majvor, så är det stora systemfel inom både vården och utbildningsväsende i dag. Vi är på väg bakåt istället för framåt. Sorgligt med ett land som tidigare var i framkant då det gäller utbildning och vård.

Christina berättar för Majvor om sitt nya uppdrag på arbetet med att introducera nya underläkare på avdelningen.

– Tycker du jag ska prata med dem om det här med att det är viktigt att prata och träffa patienterna? De kanske tar illa upp, men jag tycker det är viktigt och som utvecklingen är blir det bara mindre och mindre tid för det. Jag har alltid med mig Kirkegaards ord när jag träffar patienter. Bättre går det inte att beskriva.

Hon tar fram en lapp ur fickan med text.

> Om jag vill lyckas med att föra en människa mot ett bestämt mål, måste jag först finna henne där hon är och börja just där. Den som inte kan det lurar sig själv när hon tror att hon kan hjälpa andra. För att hjälpa andra måste jag visserligen förstå mer än vad han gör, men först och främst förstå det han förstår och acceptera att jag inte alltid förstår. Om jag inte kan det hjälper det inte att jag kan och vet mera. Vill jag ändå visa hur mycket jag kan så beror det på att jag är fåfäng och högmodig och egentligen vill bli beundrad av den andre i stället för att hjälpa honom. All äkta hjälpsamhet börjar med ödmjukhet inför den jag vill hjälpa och därmed måste jag förstå att detta med att hjälpa inte är att vilja härska utan att vilja tjäna. Kan jag inte detta så kan jag inte hjälpa någon.
>
> (Kierkegaard, 1859)

– Ja det är riktig bra. Vi använder det på skolan också.

– Tänk att formulera något så klokt för så länge sedan. Vissa lär sig aldrig. De är så upptagna av sig själva och sin egen kunskap och har därför ingen förmåga att anpassa samtalet till den de pratar med. Det är en konst. Jag tycker jag tränat upp min förmåga att lyssna med åren. När jag var i 20 – års åldern var jag ganska självupptagen. I mitt arbete när jag arbetar med patienter och egenvård är det särskilt viktigt att förstå hur patienten resonerar. Jag minns en patient vi fick in med högt blodsocker. En välutbildad man som tog sitt insulin på de tider han skulle,

men han berättade inte att han tyckte det var hemskt att sticka sig. Han hade löst det med att sätta insulinet i en brödskiva och sedan äta upp den. Det tog tid för mig att få fram hur han gjorde.
De skrattar gott båda två och reser sig. Lunchen är slut och de lämnar in disken för att återvända till sina arbeten stärkta av varandra.

Hemtjänst och färdtjänst

Arvid orkar mindre och mindre. Använder ofta rollatorn även inomhus. Astrid har tagit kontakt med en biståndshandläggare på kommunen. De har beviljats trygghetslarm och tillsyn morgon och kväll. I sovrummet byts Arvids säng ut mot en vårdsäng. Den är elektrisk och går att höja och sänka upp och ner, även i fot- och huvudända. Arvid har också beviljats färdtjänst och han blir också ansluten till kommunens hemsjukvård. Hemtjänst och hemsjukvårdspersonal ska komma hem till dem, men de tidigare kontrollerna inom specialistsjukvården på sjukhuset kommer att kvarstå. Då måste Arvid åka till sjukhuset som tidigare.

Det här är något nytt för dem båda två. Att ha främmande människor som kommer och går i deras eget hem. Astrid förstår att nu går de in i en ny fas i livet. Det är bara att acceptera. Hon vill inte tänka på hur det kommer att bli framöver. Dessutom tycker hon det är svårt att veta vem som håller i de olika delarna av Arvids vård. Som tur är står hon på benen själv och kan sköta en hel del i hemmet fortfarande. Hon vill så gärna att de ska klara sig själva och inte behöva be om hjälp.

Hemtjänstpersonalen kommer på olika tider. Allt från 08.00 till 11.00. Det gör Arvid orolig. Han sitter och väntar på dem varje dag. Har svårt att ta sig för något annat innan de varit och besökt honom. Astrid känner sig också stressad av att inte veta när de dyker upp. Hon ser därför till att hon fått på sig kläderna till 07.30 för hon vill inte möta personalen i nattlinnet. Jobbigast är det om de ska iväg på något besök till sjukhuset eller tandläkaren. Även om Astrid sagt till att personalen måste komma tidigt vid de tillfällena, gör de inte det. Då får hon själv försöka hjälpa Arvid, vilket är svårt för henne. Båda blir stressade av situationen.

Det är Astrid som får beställa färdtjänst. Hon själv får åka med som ledsagare. Arvid kallar det för sightseeingbussen. Det gör han eftersom de ofta får åka tillsammans med andra som bor på adresser överallt i hela staden. Astrid tycker det är lite roligt för hon får se delar av staden som det var länge sedan hon besökte. Stadsdelar har byggts ut och staden växer. De är snart dubbelt så många invånare som när Astrid och Arvid var unga. De gamla kåkarna är borta och nya fina hus har byggts upp. Det är en bra känsla som hon känner sig lite stolt över att vara en del av. Sverige är ett tryggt land som tar hand om sina medborgare.

De som kör färdtjänsten talar ofta dålig svenska och kommer från andra länder. Det blir därför ingen längre konversation med dem. Ibland undrar Astrid över vad de haft för liv innan de kom hit till Sverige, hon skulle vilja prata med dem om det. Hon beundrar de människorna som lyckats skapa sig en tillvaro här. Ingen flyr sitt hemland frivilligt. Den uppfattningen har Astrid utifrån de människor hon mött och hjälpt i sitt arbete inom socialtjänsten.

Trygghetslarm

Det är en natt i maj månad och gatan ligger öde. Husen är nedsläckta ingen rör sig där inne. Människorna i husen sover. Huset Arvid och Astrid bor i har ett stort kök, men en smal mindre hall där mycket möbler gör det svårt att komma fram. Det är hyllor med prydnadssaker och fotografier och ett litet bord med en stol till. På golvet i hallen ligger en äkta matta och i taket hänger lampor av kristall som ger ett vackert varmt sken när de är tända. Tyvärr sitter strömbrytaren till lamporna längst in i hallen. Längst in ligger badrummet med toaletten. Arvid vaknar och behöver gå på toaletten. Han tar sin rollator och går ut i hallen men ser inte stolen utan fastnar och faller. Han kan inte resa sig, han ligger fastkilad mellan möblerna i det smala utrymmet, tar sig i pannan och känner att han slagit upp ett sår som blöder. Han ropar på Astrid.

– Hjälp, nu blir det blod på äkta mattan.

Astrid vaknar och försöker hjälpa honom men lyckas inte. Hon trycker på larmet och hämtar Arvids täcke och lägger över honom för han ska i alla fall inte behöva frysa när han ligger där på golvet. Det kommer ingen från hemtjänsten på tre timmar. Det är inte första gången Arvid faller på natten och det inte kommer någon. Avtalet med hemtjänsten är att de ska komma inom 20 minuter, men ofta tar det betydligt längre tid. Nästa dag pratar Astrid med Sören och Christina om vad som hänt. Sören kontaktar sedan chefen för hemtjänsten. Hon kommer hem till Astrid och Arvid för att prata med dem, men hon har ingen förståelse för den oro de känner för att det inte kommer någon när de larmar.

– Ni måste förstå att min personal inte kan släppa allt de har för händer och åka.

Arvid kommenterar hennes uttalande.

– Konstigt att vi ska ha ett larm där det inte kommer någon när vi larmar.

Astrid blir arg.

– Då löser vi det så här. Nästa gång Arvid ramlar på natten ringer jag 112. Det brukar vara starka människor som arbetar där.

En månad senare faller Arvid på natten igen, och då ringer Astrid 112. Hon får hjälp av ambulanspersonal att lyfta upp Arvid från golvet. Christina gör en anmälan till äldreombudsmannen mot hemtjänstleverantören men den leder inte till någon åtgärd.

Under sommaren går allt lite lättare. Den vackra trädgården med damm, flaggstång och mängder av rosor kan de njuta av. Trädgården har Arvid byggt upp under många år. På vintrarna har han suttit och tittat i sin dator på bilder av växter han planerar att plantera när våren kommer. Senaste åren har Ronny hjälp honom plantera för Arvid orkar inte göra så mycket i trädgården längre. Så här års tar han sin rollator och en skräppåse i korgen för att sedan gå runt i trädgården och plocka bort det som är visset. Det är som om rosorna talar till honom och gör sitt bästa för att blomma. Han sitter ofta på rollatorn och drömmer sig tillbaka till resan de gjorde till David Austins trädgård i England. Där kände han sig helt omsluten av rosor. Det var himmelskt.

Trädgårdshjälpen Ronny kommer och hjälper till med det tunga trädgårdsarbetet. De dagarna ser Arvid fram emot. Ronny och han diskuterar vad som behöver göras. Arvid tycker att Ronny förstår så bra vad han menar och hur Arvid vill ha det.

Astrid plockar rabarber och vinbär som hon sedan gör pajer av. Vaniljsås eller glass ska det vara till. I matsalen på det fina matsalsbordet har de en stor kristallvas som hon fyller med trädgårdens blommor. Det luktar gott av blommorna i hela huset. Matsalen är Astrids bästa rum. Hon trodde aldrig att hon skulle få ha ett så fint rum. Där sitter de alltid och äter när hela familjen samlas och när de har andra gäster. Nu för tiden dukar hon gärna dagen innan om de ska ha gäster. Tar fram en vacker duk att lägga på bordet och så finservisen och kristallglasen. Hon tycker de har ett slottsliknande rum.

Sommaren har också andra fördelar. De slipper ha strumpor på fötterna som annars är svårt att ta på. Lätta skor som bara är att köra fötterna i och byxor och shorts med resår i midjan som är lätta att tvätta upp. En annan sak är jordgubbarna som både Astrid och Arvid älskar att äta. Astrid köper färska jordgubbar varje dag. De har nära till den lilla matbutiken och där utanför står en jordgubbsförsäljare under sommaren. De äter jordgubbar till kvällsmat i stort sätt varje kväll.

– Jordgubbar är bra, säger Arvid. Det är mycket järn i dem. Det blir vi starka av.

Sommarjobb dag ett

Erik öppnar brevet från kommunen. Han har fått sommar-
jobb fyra veckor, sex timmar om dagen på ett vårdboende.
Det blir hans första riktiga arbete där han får egen lön.

 Han får prata med de gamla som han gör med mormor
och morfar. Det borde gå bra. Någon annan er farenhet har
han inte av att vårda gamla och sjuka. Bara ingen dör och
sedan är det det där med toalettbesök. När någon behöver
hjälp med det får han be en kollega hjälpa till. Introduk-
tionen borde han kunna lära sig en del av. Annars får han
ringa mamma och fråga hur han ska göra om det blir svåra
situationer.

 Erik står utanför vårdboendet där han fått sommarjobb.
Han ska börja introduktionen med att gå bredvid Kerstin
som arbetat på vårdboendet under många år. Erik går in
genom dörrarna till vårdboendet och sätter sig i entrén för
att vänta. Det är så tyst, han hör och ser inte en människa.
Tittar på klockan i telefonen men tiden stämmer, klockan
är 06.55. Kerstin ska möta honom här 07.00. Han tittar på
sittmöblerna i entrén. Alla har galonsitsar. Erik undrar varför.
Det är inte behagligt att sitta på galonklädda sitsar, men kan-
ske är det praktiskt. Nu kommer en kvinna i blå arbetskläder
mot honom. På namnskylten står att hon heter Kerstin,

– Är det här Erik säger hon och ler. Jag trodde du skulle
 vara omklädd och klar?

– Jag vet inte var jag ska klä om men om du visar mig så
 ska jag snart vara redo.

Kerstin suckar vänder sig om och börjar gå bort i en korridor.

– Här, hon och pekar på en dörr med kodlås. Koden är 2525, kom ihåg det. Jag väntar på dig på plan tre. Du kan ta hissen dit där borta.

– Visst, svarar Erik

Han går in i omklädningsrummet. Där inne är det hyllor med personalkläder. Först ser han bara damstorlekar men hittar sen herrstolekar lite längre in i rummet. Han ser ett tomt omklädningsskåp och hänger in sina kläder där. Telefon och matlåda tar han med. Erik är lång och byxorna är lite korta, men det får duga. Han vill inte lägga mer tid på att hitta lagom stora kläder.

Undrar om det känns att jag svettats? När han blir stressad svettas han alltid, men det kanske inte andra märker av. Han går till hissen och trycker på plan tre. Öppnar dörren och kliver ut i en korridor.

– Där är du ju, ropar Kerstin från andra ändan av korridoren. Nu måste vi sätta fart. Du kan gå in till Evert och hjälpa honom. Evert bor i rum två. Han kan vara lite svår att få igång, men sätt honom upp, så vaknar han.

Kerstin försvinner in till en annan boende. Erik blir ensam kvar i korridoren. Där står något som ser ut som en lyftkran fast mindre. Kan det vara en lift? Erik går fram till Everts rum, ringer på och kliver sedan in. Rummet är mörkt eftersom persiennerna är neddragna. Han ser sängen där Evert ligger och sover. Bröstkorgen höjer och sänker sig. Då är han vid liv, men hur ska han göra nu? Han går fram till fönstret och viker upp persiennerna så att lite ljus kommer in i rummet. Sedan går han försiktigt fram till sängen. Det luktar snus

där inne. En kvalmig doft sprider sig i rummet. Erik känner
att han nästan börjar må illa. Han står en stund och tittar på
Evert som fortsätter sova. Ser hans stora näsa och håren
som sticker ut i näsborrarna.

Hur ska han kunna väcka honom? Erik tar Everts hand.
Handen är kall, och huden torr, naglarna är långa och smut-
siga.

– God morgon, säger Erik försiktigt.

Evert börjar hosta och vaknar.

– Vem är du? Evert stirrar på Erik.

– Du behöver inte vara rädd, jag heter Erik och ska hjälpa
 dig komma upp till frukost.

– Jag vill inte ha frukost. Du kan gå.

Hur ska han göra nu. Jag får gå ut till Kerstin och fråga
henne. Erik lämnar rummet och går ut i dagrummet. Kerstin
sitter i soffan med sin mobil.

– Evert vill inte ha frukost.

Kerstin reagerar inte utan fortsätter med mobilen. Efter
några minuter reser hon sig och går mot Everts rum. Erik
följer efter. Kerstin tänder taklamporna och går fram till Evert
i sängen.

– Nu är det dags att kliva upp.

Hon drar av honom täcket och tar tag i Evert för att sätta
honom upp på sängkanten. Evert protesterar, men Kerstin
är envis.

– Hämta rullstolen säger Kerstin till Erik.

Med gemensamma krafter lyfter de över Evert i rullstolen.
De lägger en filt i knät och sätter honom vid bordet. På bor-
det står ett glas med löständer i. Tänderna ler mot dem. Det

är Everts löständer som Kerstin sätter in i hans mun. Erik har aldrig sett löständer tidigare. Han känner ingen som har det.

– Nu du gubbe är du redo för frukost.

– Var är mitt snus?

– Det får du efter frukost svarar Kerstin och går mot dörren.

Då skriker Evert högt

– Jag vill ha mitt snus nu. Fattar du inte?

Han slår till med handen i bordet.

– Du får vänta.

Kerstin går ut ur rummet. Erik hör hur Evert fortsätter skrika men vågar inte göra något. Sedan gör de frukost till de boende. Många äter gröt, andra bara smörgås och kaffe. Efter frukosten sätter sig Kerstin och Erik en stund för att ta en kopp kaffe. Erik dricker inte kaffe.

– Det måste du lära dig. Annars överlever du inte här.

Kerstin tar upp mobilen och sjunker ned i soffan. Erik tar ett glas vatten och äter en smörgås som han haft med sig. Han hör någon ropa från ett rum.

– Det är Viola men hon får vänta. Gå inte till henne nu. Nu har vi rast.

Sedan börjar bestyren med att få upp alla de boende. Evert är arg för att han inte fått sitt snus. I dag ska han duscha men det hoppar de över, eftersom han inte vill.

– Tvätta av honom i ansiktet och sätt på honom kläderna som ligger på stolen. Han får ha samma kläder som i går eftersom han spiller ner sig hela tiden och det är ingen ide att sätta på honom rena kläder.

Erik sätter Evert vid handfatet och hjälper honom tvätta sig i ansiktet.

– Kan du raka mig?

Men Erik har aldrig rakat en annan människa.

– Jag får be Kerstin raka dig senare.

Han sätter på Evert kläderna som ligger på stolen. Skjortan är fläckig och byxorna likaså. Ska han verkligen ha smutsiga kläder på sig. Erik tittar i garderoben som är välfylld med både byxor och skjortor, men Erik vågar inte ta fram rena kläder. Då kan Kerstin bli arg. Evert vill sitta vid bordet och titta i tidningen.

– Vad står det? Jag ser bara rubrikerna.

Erik läser högt för Evert. Efter en stund kommer Kerstin.

– Är det där du är. Vi måste sätta fart. Här kan du inte stanna längre. Vi ska ta upp Viola. Henne får vi ta med liften som står i korridoren.

De lämnar Evert och går in till Viola. Kerstin har redan satt på henne kläderna. De lägger under liftskynket och kopplar till liften. Kerstin pumpar och Erik får hålla i Viola. Han känner en svag rosdoft när han kommer nära henne. Det luktar mormor om Viola.

– Vad gott du luktar säger han och klappar henne på armen.

– Jag älskar rosor därför vill jag lukta som en ros.

De sätter Viola i hennes fåtölj. Hon har guldtofflor på fötterna

– Jag får försöka vara lite fin även om jag bor på ett boende.

Kerstin tar hennes diadem och sätter i håret, tar fram ett läppstift och sätter lite färg på Violas läppar.

– Nu är drottningen på plats.

De skrattar alla tre. Viola har Svensk Damtidning som hon bläddrar i.

– Här står allt om kungahuset. Jag håller mig uppdaterad säger hon och ler.

Kerstin och Erik lämnar Viola och hjälper sedan de övriga boende att komma upp. Tiden går fort och snart är det lunch. Erik har matlåda med sig som han värmer i micron. Han sätter sig vid ett bord där tre andra sitter. Ingen säger något, de har fullt upp med sina mobiler. Kerstin ligger i en soffa och messar på sin mobil. När Erik ätit går han ut en stund utanför huset. Där finns en fin trädgård och trädgårdsmöbler, men inte en människa syns till. Hit kan han ta med sig Evert. Han behöver komma ut och se något annat. Evert får sällan besök som kan ta med honom ut. Därför är han mest inne på sitt rum. Sonen bor långt bort och kommer bara och hälsar på en gång i månaden.

När Erik kommer tillbaka till avdelningen är det många som larmar. Nu är det fullt i magarna och alla ska på toa samtidigt. Sedan blir de trötta och behöver vila en stund. Erik hjälper Evert. Efter toabesöket sätter han sig hos honom för att prata en stund.

– Har du tid att sitta här? Det brukar den andra personalen aldrig ha tid med.

– Jag är lite utöver. Arbetar sex timmar varje dag i fyra veckor. Det är mitt första sommarjobb.

– Utmärkt då är det lugnt att du sitter här en stund.

– Evert börjar berätta om sig själv och sin familj. Han gifte sig med Anna när han var 20 år gammal. De fick en son, Anders, som nu bor i en stad flera mil bort. Anders har familj och barn och ett bra arbete inom datorbranschen.

– Det området kan jag inget om. Jag har varit målare, berättar han.

– Anna och Evert köpte sig en liten villa i början på 60- talet. De odlade både blommor och grönsaker.

– Vi rökte en hel del i ungdomen både Anna och jag. Det
gjorde alla på den tiden. En snygg askkopp hade vi som
stod vid sidan av soffan i vardagsrummet. Hela huset var
inrökt. När Anna var runt sextio fick hon lungcancer. Hon
dog inom ett år. Sedan dess har jag varit ensam.
– Berätta om trädgården så ska jag berätta om min morfars
trädgård.
– Evert beskriver sin trädgård och alla blommor, äppleträd
och plommonträd. Han blundar och kan nästan förflytta
sig till trädgården en stund. Erik berättar för honom om sin
morfars trädgård med alla vackra rosor och andra blom-
mor.
– Där luktar det så gott när det blommar att man kan bli
yr i huvudet. Om jag köper mig ett hus ska jag också ha
mycket rosor.
– När klockan är 14.00 är det dags för Erik att gå hem. Han
lovar Evert att komma tillbaka nästa dag.
Hemma på kvällen när familjen äter kvällsmat tillsammans
berättar Erik hur han haft det.
– Jag tycker inte att Kerstin var trevlig. Hon var hård mot
de boende. Jag vet inte om jag vill fortsätta sommarjobba
om det ska vara så här.
Christina övertalar honom att ge det en chans.
– Imorgon skulle du ju gå med Yvonne. Hon är säkert lite
trevligare mot de boende.

Sommarjobb dag två

Erik kommer till vårdboendet tidigt för att vara omklädd till klockan sju. När han kliver in i entrén sitter Yvonne och väntar på honom.

– Välkommen hit, jag förstår att det är du som är Erik. Jag heter Yvonne och väntar på dig här medan du klär om.

När Erik är omklädd tar de gemensamt hissen till plan tre. De sätter sig i soffan och Yvonne berättar för Erik hur hon tänker lägga upp morgonen och förmiddagens arbete. De börjar med att gå in till Evert. Yvonne viker upp persiennerna så att lite ljus kommer in. Tar sedan Evert försiktigt i handen och säger god morgon. Evert vaknar och ler.

– Är det du som kommer i dag?

– Javisst, svarar Yvonne. Jag och Erik ska ta hand om dig i dag. Försök vakna nu så kommer vi tillbaka när det blir frukost. Snuset har du här på sängbordet. Du kan vänta med det tills du ätit frukost annars blir du kanske yr i huvudet.

De sätter på radion åt Evert innan de går ut. Yvonne berättar för Erik att det är viktigt att ta det lite försiktigt med de boende. De måste få en stund att vakna till innan de ska komma upp. Sedan går de in till Viola och väcker henne. När hon ser Erik ler hon och säger

– »min prins kom i dag med«.

Yvonne frågar Viola om hon vill komma upp direkt eller äta frukost i sängen. Hon funderar en stund och bestämmer sig för att inta frukosten i sängen.

Efter frukosten ska de hjälpa Evert att duscha. Yvonne sätter honom i rullstolen och kör fram till garderoben.

– Nu får herrn välja vad han ska ha på sig i dag. Det kommer bli en varm dag.

– Då räcker det nog med kortbyxor och en pikétröja. Den där gröna gillar jag ta den och kortbyxorna.

– Först måste vi raka dig. Du är taggig som en igelkott om hakan.

Yvonne tar fram rakhyvel och rakkräm. Hon visar Erik hur han ska göra. Det är inte så svårt, men ovant att vara så nära en annan människa.

– Du ska få rakvatten också Evert, men det tar vi efter duschen.

Evert flyttar över till duschstolen och får duschen i handen. Han får säga till när han tycker vattnet är lagom varmt. Det ljumma vattnet rinner över hans kropp. Det gör honom avslappnad. Yvonne tar schampo och tvättar hans tjocka gråa hår. Lägger sedan över honom ett stort badlakan och tar lite rakvatten i ansiktet.

– Nu känner jag mig som en ny människa. Det är bara en sak jag saknar nu. En snus.

Yvonne ger honom snusdosan som ligger på bordet. Erik ser att det är portionssnus i dosan. Everts säng bäddar dom rent i innan de lämnar honom för att gå vidare till Viola. De börjar med att ta upp Viola med liften. Väl i rullstolen får hon välja vad hon vill ha på sig. Garderoben är fylld av klänningar, kjolar och blusar.

– I dag vill jag ha något rosa och blommigt.

Yvonne tar fram några alternativ.

– Vad tycker du Erik, vilken klänning ska jag ta?

Erik pekar på en storblommig klänning med guldknappar.

– Ta den, den passar till en drottning.

När klädvalet är klart åker de in med Viola i badrummet. Yvonne hjälper Viola att tvätta sig, borsta tänderna och kamma håret. Avslutar med lite rosdoft.

– I dag får vi ha nagelvård. Jag kommer tillbaka till dig om en stund så ska jag måla dina naglar. Sitt här vid bordet och titta i en tidning medan du väntar.

De bäddar rent i Violas säng och går sedan ut för att äta frukost själva.

– Hon är söt Viola. Har fött många barn, och det är bra för hon har besök flera gånger i veckan. Barn och barnbarn pysslar om henne och ser till att hon har det bra. Då är det sämre för Evert. Sonen med familj kommer någon gång i månaden. Alla andra dagar har han bara oss personal att prata med.

Efter lunchen går Erik in till Evert och frågar honom om han vill gå ut en stund.

– Vi kan sätta oss nere i trädgården en stund och så tar jag med tidningen så kan jag läsa för dig vad som står där.

– Där brukar jag inte sitta, men vill du det så gör vi det. Jag vill gärna höra vad som står i tidningen. Bäst jag lägger in en snus innan vi går så jag klarar mig.

Evert tar en snus ur sin dosa.

– Kan du kamma mig? Man vet aldrig vem man möter där ute.

Erik kammar Evert och tar lite rakvatten i ansiktet.

– Nu är du redo för utflykt.

Han lägger tidningen och snusdosan i Everts knä och sedan rullar de mot hissen. Väl ute i trädgården på husets framsida hittar de en skuggig plats under ett parasoll.

– Vad händer i världen? Du får läsa för mig om utrikesnyheterna.

Erik läser om flyktingströmmen från Libyen till Italien och att dödligheten ökar på Medelhavet samt det upptrappade våldet i Afghanistan.

– Vi ska vara glada att vi bor här i Sverige. Många andra länder går inte att leva i. Jag föddes visserligen under kriget, men sen det tog slut har allt bara blivit till det bättre. Har det hänt något i Sverige och här i staden?

Erik bläddrar i tidningen.

– Nyanko Sabuni har utsetts till ny partiledare för Liberalerna.

– Det bryr jag mig inte om. Jag röstar på Stefan Löven. Är man arbetare ska man göra det. I vår stad då, har det inget hänt här?

– Jo, det har brunnit i en lägenhet och så har barn hittat narkotika i en lekpark. I övrigt är det inte mycket mer de skriver om.

– Jaha, det var inte mycket till nyheter. Lördagarna är tidningen bäst för då står alla dödsannonser. Det är alltid någon jag känner som försvunnit från jordens yta. Jag vill ju veta vilka som finns kvar.

Erik fortsätter till TV-programmen.

– I kväll är det allsången på Skansen. Brukar du se på det?

– Jag ser rapport och orkar jag tittar jag en stund efter det. Personalen vill att jag ska lägga mig innan 20.00 men ibland vägrar jag. När jag bodde hemma gick jag aldrig och lade mig före 22.00.

– Nu vill jag att vi läser serien Helge, och sedan får det vara bra för i dag.

Evert lutar sig över tidningen för att se serieteckningarna och Erik läser och Evert kommenterar

– Tokälg, konstigt att han alltid klarar sig från att bli skjuten, men då skulle ju serien ta slut och det vore tråkigt.

Erik viker ihop tidningen och Evert lägger in en snus till innan de rullar mot entrén och hissen. När de är tillbaka på Everts rum gör Erik i ordning var sitt glas saft.

– Skål då, Evert höjer glaset och skålar med Erik. Det här var en riktigt bra eftermiddag. Nu ska jag vila en stund.

Erik hjälper honom i säng och säger hej då.

– Jag kommer imorgon. Vi kan gå ut i morgon med om det inte regnar.

Evert hör inte. Han har redan somnat. I korridoren möter Erik Kerstin som undrar var han varit.

Ute med Evert, vi har suttit ute och läst tidning.

– Evert brukar aldrig vilja gå ut, fast det kanske beror på att jag inte frågar honom så ofta. Det får inte bli en vana.

Kerstin sätter sig i soffan och tar upp mobilen för att messa. Erik säger hej då och går hem. Han är nöjd med dagen.

Hemma på kvällen vid kvällsmaten berättar han om dagen för Christina.

– Jag ska fortsätta sommarjobbet, men jag får undvika Kerstin. Tror inte att hon trivs på sitt jobb. Jag håller mig till Yvonne. Hon tycker det är bra att jag tar med Evert ut och jag själv trivs med det också.

Christina klappar honom på handen.

– Jag tror du lärt dig något om hur man bemöter människor.

Erik arbetar sina fyra veckor och går ut med Evert varje dag efter lunch. Dagarna avslutar de med ett varv i vårdboendets trädgård för att sedan ta hissen upp till Everts rum för ett glas saft. Erik lovar Evert att han ska komma och besöka honom minst en gång i veckan när sommarjobbet är slut.

Evert tar Eriks hand.

– Jag måste få veta hur det går för dig i skolan och om du får körkort. Det är inte någon ide att du ringer för jag tycker inte om att prata i telefon. Jag vill se den jag pratar med. De andra som arbetar här har aldrig tid att sitta ned och prata. Du är en bra pojke, jag gillar dig och du förstår hur jag tänker och känner.

Han tittar på Erik.

– Det är synd att du inte arbetar här alltid.

Arbetskamraten Lena

Det är måndag och Christina sitter på sjuksköterskeexpeditionen när hennes bästa arbetskamrat Lena kommer in. Lena ser ledsen ut, kanske har hon gråtit, men nu ska de få rapport om vad som varit under natten. Christina kan därför inte prata med Lena. De lyssnar på vad nattpersonalen berättar och går sedan ut till undersökningsrummet.

– Vad är det som hänt? Du ser ledsen ut. Har det hänt något med någon i din familj?

Christina vet att Lena har sin pappa på ett vårdboende i en mindre stad några mil bort. Det har varit bekymmer med vårdboendet tidigare. Lena åker dit och hälsar på så ofta hon kan. Pappan har ofta varit smutsig, rummet där han bor har också varit ostädat. Några aktiviteter har han inte deltagit i, utan han har bara varit inne på sitt rum hela dagarna. För ett tag sedan trillade pappan men personalen hade inte berättat något om det för Lena förrän flera veckor efter det inträffat. Pappan är dement och kan därför inte tala om vad som hänt eller om han har ont. De senaste gångerna när Lena besökt sin pappa, har pappan tagit sig över höften och ojat sig. När hon pratar med personalen berättar de att visst ojar sig pappan, men de ger honom Morfin och så får han cykla på motionscykeln. Lena hade stått på sig och till slut fått en röntgenundersökning av pappans höft. Röntgen visade att pappan hade en höftfraktur. Höftkulan hade nästan gått i nekros. Lena hade fått veta det av personalen när hon kom till vårdboendet på söndagen och nu vet hon inte vad hon ska ta sig till. Hon vill inte att pappan ska bo på vårdboendet längre. För Lena är det svårt att besöka honom oftare när det är så långt att åka.

– Jag skulle behöva vara där flera gånger i veckan, men det går inte när jag arbetar.

Christina och Lena diskuterar vad Lena kan göra.

– Det känns hemskt att behöva göra en anmälan till IVO (inspektionen för vård och omsorg)(5), men det behöver komma fram hur det är på vårdboendet.

En vecka senare berättar Lena för Christina att hon gjort en anmälan till IVO. Ärendet utreds men personalen förnekar att de inte skickat pappan på röntgen direkt. Något ytterligare leder inte utredningen till. Efter incidenten ställer Lena sin pappa i kö för att flytta till ett annat vårdboende vilket han gör efter en tid. Christina tänker åter igen på sina egna föräldrar och vilken tur de har som har båda sina barn i samma stad. Som anhörig behöver man besöka de som bor på vårdboenden ofta, annars kan de fara väldigt illa. Den uppfattningen har Christina utifrån de patienter de får in från vårdboenden till hennes avdelning. En del är undernärda, smutsiga, med långa naglar och har fula sår på kroppen. Hon förstår att omvårdnaden där de bor har brustit. Omvårdnaden av de äldre blev sämre efter att Ädel reformen (6) genomfördes 1992.

Att det ska vara så svårt att ge alla den grundläggande omvårdnaden med mat, sömn, att vara ren och aktiviteter utifrån vad de klarar av. Flera av de äldre patienterna är lite oklara när de läggs in på Christinas avdelning, men efter ett par dagar med god omvårdnad klarnar de flesta. Christina tycker det är trevligt att sitta ned en stund och prata med de gamla. Det är fantastiska livsöden hon fått höra genom åren. Tyvärr ges det inte mycket tid för sådana samtal i dag, men hon prioriterar det framför arbetet vid datorerna. De yngre kollegorna tar upp sin mobil om de får en stund över. Det gör aldrig Christina.

Hon läste en 7,5 poängs kurs i personcentrerad vård för några år sedan. Där fick hon lära sig hur viktigt det är att ta tillvara patientens egen kunskap och kompetenser. 2015 kom en lag (7) att alla kommuner och regioner ska arbeta utifrån ett personcentrerat förhållningssätt. Christina försöker arbeta med att lyssna på patienterna och ta tillvara deras kunskap och vad som är viktigt för dem, men det är långt ifrån alla som arbetar så på hennes arbetsplats. Många har inställningen att patienten ska vara tyst och lyssna på personalen som anser sig sitta inne med all kunskap. Ett annat problem de sista åren är att flera av Christinas kollegor är hyrsjuksköterskor. Det är olika personer som kommer och arbetar när det saknas någon. De gör enbart det de är satta att göra. Att driva utveckling av vården på arbetsplatsen blir då svårt. Christina önskar att hon ska få en chef som vill införa personcentrerad vård i sin verksamhet. En sådan chef har hon ännu inte haft fast hon bytt chef många gånger de senaste åren.

Arvid flyttar

Det blir höst. Sören hjälper föräldrarna att plocka ner alla äpplen från de två äppelträden. De fyller flera lådor med frukt som de sedan ställer på altanen. Löven faller av träden och trädgården går i ide. Ronny kommer och höststädar i trädgården. Arvid har svårt att vara med honom hela tiden, men han sitter och tittar på när Ronny arbetar. Vissa dagar är Arvid lite piggare, men ofta sover han en stund både på för och eftermiddagen. I oktober blir Arvid återigen sjuk och måste läggas in på sjukhuset. Astrid har svårt att klara av att hjälpa honom. Hon behöver vara intill honom hela tiden för att det ska fungera och hon orkar inte det som hon skulle vilja längre. De har ett planeringsmöte tillsammans med en biståndshandläggare från kommunen. Planeringen blir att Arvid ska få komma till ett korttidsboende efter sjukhusvistelsen. Där får han vara i tre veckor för att sedan ha ett nytt möte med biståndshandläggaren. Astrid hade önskat att hemtjänsten fungerat bättre. Då hade hon kunnat ta hem Arvid, men som det fungerar nu går det inte. Astrid får hem ett helt kuvert med informationsmaterial. Där går att läsa om något som de kallar värdighetsgarantier för vårdbostad. Det innebär att vårdbostäder ska präglas av trygghet, gott bemötande och möjlighet för alla att vara delaktiga i utformningen av sina individuella insatser. Värdighetsgarantier ska vara en trygghet för den boende när den bor i eller söker till vårdbostad. De gäller oavsett om vårdboendet drivs av en kommunal eller en privat utförare.

Det blir nog bra. Vi har inget val. Arvid kan inte vara hemma längre. På kvällen när hon lagt sig ligger hon och tänker på hur det ska bli framöver. Hon inser att nu kommer Arvid och hon aldrig mer bo tillsammans. De hade bott tillsammans i över 65 år. Deras första boende var en enrummare, men från början på 1970- talet hade de bott i eget hus på flera platser. För 36 år sedan flyttade de till huset de bor i dag. De hade renoverat huset och fått ett hemtrevligt hem som passade båda två.

Vi kommer att gå in i ytterligare en ny fas i livet. Hon får hoppas på ett bra boende till Arvid med möjligheter att gå ut. Bara han inte hamnar för långt bort från henne. Hon vill försöka hälsa på så ofta som möjligt och även att han ska kunna komma hem när han orkar det. Arvid får en plats på ett korttidsboende två mil utanför centrum. Vårdboendet ligger i ett villaområde inbäddat i en trädgård. Han får ett rum med utgång till en altan. Till boendet kan inte Astrid ta sig själv. Christina och Sören turas om att skjutsa henne dit så ofta de kan. Boendet är trevligt och personalen är omtänksam. Flera av de som arbetar där bor i det lilla samhället. Personalen bakar och spelar bingo, sjunger och försöker aktivera de boende utifrån vad de orkar och kan. Vissa dagar går Arvid ut och sitter i trädgården. Han trivs på boendet även om han längtar hem och saknar huset, trädgården och Astrid, men han känner sig trygg här. Det gjorde han inte den sista tiden hemma. Han försöker vara nöjd. Det går lättare då. Det är inte ofta han säger ifrån. Efter tre veckor på vårdboendet har de ett nytt möte med biståndshandläggaren. Arvid säger att han inte kan vara hemma eftersom hemtjänsten inte kommer när han larmar och han vet aldrig när de kommer på morgonen och kvällen.

– Jag sitter och väntar och väntar.

Astrid blir ledsen över att hon inte klarar att hjälpa honom, men det går inte. Hon har fullt upp med att klara sig själv. Arvid ställs därför i kö för ett vårdboende. Efter ytterligare två veckor får han erbjudande om en plats på ett boende på andra sidan staden. Christina och Astrid åker dit för att titta på boendet och rummet som Arvid blivit erbjuden. Chefen för boendet tar emot dem och visar dem runt. Det är en vältränad man i 35-årsåldern med märkeskläder och exklusiv klocka på armen. Han har en kylig blick och pratar om verksamheten som om han ska sälja en vara. Boendet ligger på tredje våningen, har ingen trädgård med utsikt mot en starkt trafikerad gata.

Astrid tar bilder med sin kamera i telefonen som hon tänker visa Arvid när hon besöker honom nästa gång. När de gått runt på vårdboendet sätter sig Astrid och Christina på en bänk utanför.

– Jag vågar inte tacka nej. Tar vi inte den här platsen hamnar han kanske ute på landet och det vill jag inte. Det känns inte så trevligt här som på vårdboendet där han är nu men det blir nog bra bara han flyttar in med sina egna saker.

Astrid berättar för Christina om sin väninna Karin som blivit sjuk och efter det var i behov av en plats på ett vårdboende. Hon hamnade på ett vårdboende flera mil utanför staden. Karin och hennes döttrar upplever att det är låg kunskapsnivå hos personalen på vårdboendet. Det är många lågutbildade och många utlandsfödda som arbetar på Karins vårdboende. Kraven på vad de behöver kunna är låga. Svårt med svenska språket är det många som har och det blir missuppfattningar. Personalen gör saker utan att veta vad eller varför de gör det. Personal har försökt mata mamman med tabletter, men Karin kan inte svälja efter en stroke. Maten får hon i en slang (sond) på magen. Hon har varit med om att de startat sondmaten med tom droppslang, så att all luft i droppslangen gått in i magen, vilket skapat obehag med gaser. De har inte kunnat ställa in dropptakten. Då har sondmaten som ska gå in på 2,5 timma gått in på knappt en timma, vilket resulterat i magsmärtor och blodtrycksfall. Karin har som tur är kunnat förmedla sig och säga till och säga ifrån. Städningen är undermålig, döttrarna städar när de kommer på besök. Det är ju för mammans skull de gör det. Dammar, torkar av och fixar. Ingen frågar om Karin behöver frisör, fotvård eller om hon vill komma ut på en promenad. Vid ett tillfälle tog toapappret slut och då fick Karin använda pappersnäsdukar fram till att dottern kom och hade handlat.

– Karin har det inte bra där. Dit vill jag inte att Arvid flyttar.

Då är det bättre att han flyttar till det här vårdboendet. På eftermiddagen ringer Christina biståndshandläggaren och tackar ja till platsen. Tre dagar senare flyttar Arvid till vårdboendet i andra änden av staden.

Instängd

På vårdboendet inreder de Arvids rum med matbord, stolar en bokhylla och tv-bänk. I bokhyllan ställer de Arvid och Astrids bröllopskort samt kort på barn och barnbarn. Arvid får ta över barnbarnet Eriks tv eftersom han köpt en ny och inte har någon användning av den gamla. I en hörna ställer de en fåtölj och en golvlampa samt Arvids stereo med många av hans skivor. Han har både Lp- och Cd skivor. Sin första skiva köpte han för sin första lön. Sedan har han fortsatt att samla skivor. Nu har han ett tusental. Jazz och klassisk musik är det han gillar bäst, men även dansband.

Lee är hans kontaktperson. Hon kommer från Thailand men har varit i Sverige några år. Lee är trevlig men har ofta väldigt bråttom. Arvid tycker det är svårt att få henne att lyssna. Bäst gillar Arvid Manuel. Det är en äldre man som ofta hjälper honom. Med Manuel kan han prata och skoja. De spelar musik och pratar om olika artister. Manuel bryr sig om Arvid på många sätt. Han ser till att Arvid är rakad och klippt i håret samt att han har rena kläder på sig.
– Du ska vara en gentleman.
Då skrattar Arvid och svarar att det har jag alltid varit. Arvid trivs med Manuel och de har en sak till gemensamt. Manuel har berättat för Arvid hur han tvingats fly från sitt hemland och att han inte kan komma tillbaka dit.
– Ingen av oss kan komma hem igen.
– Det stämmer, vi sitter i samma båt du och jag fast på olika sätt.

Arvid känner att Manuel förstår honom för den skull. Han kan berätta för honom hur det ser ut i huset där hemma och i trädgården. Då berättar Manuel hur det ser ut i hans hemland. Om husen, maten, musiken och naturen. Sedan spelar de någon jazzskiva för att pigga upp sig. Arvid har berättat om Manuel för Astrid. Hon tycker det känns bra att Arvid har någon som tar sig tid och förstår honom.

I övrigt är personalen på det stora hela trevlig, men det är som att de är rädda för att ta egna initiativ. Vid en fråga svarar de oftast att de måste fråga chefen. De vågar inte bestämma själva. När Astrid ringer till vårdboendet svarar de alltid att Arvid mår bra. De få gånger de ringer till Astrid är när något behöver handlas. I övrigt tar de ingen kontakt. Några uppföljningssamtal genomförs inte.

På vårdboendet bor också en kvinna som är dement och som inte talar svenska. En i personalen talar kvinnans språk, övriga kan inte kommunicera med henne. Kvinnan är orolig och ofta arg. Hon går in på de andra boendes rum och tar saker. Är de ute i dagrummet ger hon sig på de andra. Flera av de boende är rädda för henne. Vid ett tillfälle upptäckter Arvid att kvinnan tänt två levande ljus och ställt dem i en bokhylla som nästan börjat brinna. Arvid vill helst inte vara ute i dagrummet och dörren till sitt rum låser han. Dagarna blir långa, han längtar ut. Boendet ligger på tredje våningen och rummet har bara en fransk balkong. Personalen har inte tid att följa honom ut mer än vid enstaka tillfällen.

Arvid tänker på allt som ska göras i trädgården inför vintern. Astrid har lovat att ta hjälp av Ronny med det. Hur det ska gå om det blir snö vet inte Arvid, men ibland hjälper grannbarnen till att skotta. Han får tro att de gör det i vinter med. Annars blir Astrid fast inne i huset. Det är också svårt för Astrid att ta sig själv till boendet eftersom det ligger i andra delen av staden. Hon får inte färdtjänst utan måste ta bussen om hon ska besöka Arvid. Oftast får hon istället skjuts av något av barnen, men då blir det när de är lediga på kvällar eller helger. Till advent skaffar Christina en julgran med belysning och julkulor till Arvid. Astrid och han har alltid haft julgran. De hjälps åt att klä granen. Arvid är så nöjd. Det känns nästan som lite »hemma« med granen. På julafton hämtar Sören Arvid strax efter lunch. Han är sedan med och firar jul resten av dagen hemma i huset. Hela familjen sitter i matsalen och äter gott och spelar julklappspelet. Det är något han sett fram mot hela december. Två klappar ska varje person bidra med. Han har sagt till Astrid att ordna med två chokladkartonger från honom eftersom han helst vill ha paket med godis, särskilt de med choklad i. Det vill även yngsta barnbarnet Olof. De triggar varandra och försöker sno åt sig så många chokladpaket som möjligt. Arvid vinner denna jul över Olof med tre chokladpaket mot två.

En bit in på det nya året kommer pandemin. Det är som att ingen är beredd på att det skulle kunna inträffa. På vårdboendet införs strikta regler. De boende får inte lämna sina rum. Personalen ska ha handskar, munskydd och visir, men ofta är skyddsutrustningen slut. Det oroar Arvid när personalen inte har skyddsutrustning, för han är rädd för att bli smittad. Arvid ser på tv varje dag om hur många smittats och blir svårt sjuka och att en del dör. I flera länder är det utegångsförbud, men inte här i Sverige. Omgående blir det totalt besöksförbud på Arvids vårdboende. Astrid ringer till honom nästan varje dag, men Arvid är inte förtjust i att prata i telefon. Samtalen blir därför korta. Det är så svårt att inte kunna träffas på riktigt och sitta ned och prata. Dagarna blir långa. Han börjar sortera sina skivor för att ha något att göra. Om han ändå kunnat vara hemma i huset. Där hade han kunnat sysselsätta sig med många saker även om de skulle varit isolerade han och Astrid.

I slutet av sommaren ändras besöksreglerna och Arvid får ta emot besök om de anhöriga bokar tid för det. De får ses nere i entrén till vårdboendet max 30 minuter och då är en av personalen med och vaktar dem. Christina känner sig som hon besöker en straffånge när hon besöker sin pappa. Hon har tagit kort på rosorna som blommar i trädgården. De tittar på bilderna och Arvid är nöjd med att se sin trädgård blomma. På kvällen tar han fram bilderna i sin telefon. Han längtar hem och tänker att nu har jag varit med om både krig och pandemi. Det trodde han inte att han skulle få uppleva.

Astrid hör sig för om Arvid kan få byta vårdboende till ett som ligger i närheten av henne och barnen. Hon ställer Arvid i kö till vårdboendet som har en fin trädgård med träd-gårdsmöbler att gå ut till. Astrid har själv beviljats färdtjänst efter att ha sökt tre gånger. Nu kan hon besöka Arvid så ofta hon vill bara hon orkar. Hon märker att hon inte har samma krafter som tidigare. Sover längre på morgonen och vilar efter lunch varje dag.

Kurskamraten Birgitta

Birgitta är kurskamrat med Christina från sjuksköterskeutbildningen. De brukar ringa till varandra ibland och prata om hur de har det.

Det är måndag på vårdboendet där Birgitta är chef. Flera i personalen har sjukanmält sig. De som arbetar på förmiddagen får därför vara på flera avdelningar samtidigt. Den person som skulle hålla i aktiviteter får i stället vara med och vårda de boende.

– Nu orkar jag inte mer.

Birgitta stirrar på mailet som en av de bästa sjuksköterskorna som arbetar i hemsjukvården Emma skickat. Emma har sagt upp sig och slutar efter sommaren. Hon ska börja som hyrsjuksköterska inom den somatiska vården. Birgitta svarar Emma att hon gärna vill ha ett avslutande samtal med Emma för att höra vad anledningen är till att hon slutar. Birgitta skickar Emma en tid för samtal.

En vecka senare träffas de för ett samtal. Emma beskriver en ohållbar situation som hon känner att hon inte kan ta ansvar för. Undersköterskorna (som är närmast de boende) har för dålig kunskap för att göra bedömning av de boende. De ser inte när någon blir sämre och de kan inte rapportera det till Emma. Kunskapen hos dem om till exempel läkemedel saknas. Hon kan inte lita på dem. Det är inte patientsäkert. Flera har delegeringar fast de inte har kunskap. De ska göra en digital utbildning för att få delegeringen men hur ska Emma veta att det är den personen som gjort utbildningen? Några har fått delegeringar fast de inte kan läsa och skriva. Systemet med delegeringar är alldeles för osäkert. Det är också stor omsättning på personal och Emma som sjuksköterska känner inte de hon ska arbeta tillsammans med. Det är hennes sak som sjuksköterska att leda omvårdnadsarbetet, men det går inte när så många inte förstår och vet vad god omvårdnad är. Att de boende får den grundläggande omvårdnaden är det ingen som tar ansvar för. Det patientklientelet med multisjuka som bor här där flera kräver palliativ vård är inte vårdboendet rustat för. Det är i många fall en kränkande behandling de boende får och det kan hon inte ställa upp på längre. Emma tycker att det hon håller på med är emot den etiska värdegrunden.

– Jag har inget annat val än att sluta. Varken personal eller boende är trygga här. Ibland har det varit svårt att få ut den ansvarige läkaren från vårdcentralen. Då har jag inget annat val än att skicka den boende till akuten vilket inte alltid skulle behövas.

Tårarna rinner nerför Emmas kinder.

– Jag orkar inte det här längre. Om jag fick önska något skulle det vara att en sjuksköterska på dagtid arbetade med en mindre grupp undersköterskor och arbetade med den grundläggande omvårdnaden, men det skulle behövas fler sjuksköterskor för det och det finns det inte. Den undersköterska som är ny skulle arbeta dagtid under ett första år. Som det är i dag arbetar oftast de minst erfarna kvällar, nätter och helger eftersom de får mer betalt då.

Birgitta önskar Emma lycka till med det nya arbetet. Hon förstår att Emma gett upp. Den sjuksköterska som har en värdegrund fortsätter inte arbeta under rådande förhållanden. Emma har varit en trygghet, men nu slutar även hon. Som tur är blir Emma kvar över sommaren. Då behöver hon inte oroa sig under semestrarna, tänker Birgitta.

På fredagen har Birgitta möte med enhetschefer från andra vårdboenden. Flera av dem har inte någon vårdutbildning vilket hon själv har. De har annan bakgrund som socionomer, socialsekreterare med flera. Det gör att de vid olika diskussioner inte talar samma språk. Birgitta förstår vad det innebär att vårda multisjuka boende och boende som är i behov av palliativ vård, men det förstår inte alla andra. Har de inte den här kunskapen hur ska de då kunna handleda sin personal? Om jag inte vet vad som är rätt förstår jag inte när det blir fel. Grundläggande omvårdnad är svårt att diskutera när någon inte förstår betydelsen av det. Socialcheferna i kommunerna har många områden som de ansvarar för. Allt från barnomsorg, skola och äldreomsorg. De flesta av dem har ingen vårdbakgrund. De medicinska och omvårdnads frågorna får stå tillbaka när det är så mycket annat som också behöver diskuteras. Dessutom är det hög omsättning på socialchefer.

Vid det här mötet ska de diskutera användningen av SIP (särskild individuell plan) (8). Det är lag att SIP ska användas sedan 2018. Användningen av SIP det senaste året har minskat. Utöver det ska de diskutera den stående frågan om samordning mellan regionens och kommunens journalsystem. Det har de gjort på alla möten de senaste åren. Det är inte ovanligt att de boende har tre leverantörer av vård. Specialistsjukvård från regionen, kommunal hemsjukvård och hemtjänst. De tre leverantörerna har olika system som de arbetar i och samverkan mellan systemen brister många gånger. Den boende blir den som får hålla samman sin egen vård. Det skapar otrygghet och är en risk för felaktig behandling.

Under punkten övrigt är det en av Birgittas chefskollegor som tar upp en svår situation hon hamnat i. Kollegan har varit chef på sitt vårdboende drygt ett år. Hennes föregångare slutade efter att ha blivit utbränd. Kollegan har som alla andra haft svårt att rekrytera personal, det har tagit mycket av hennes arbetstid. Det har gjort att tid för att prata med de boende om hur de har det har inte funnits. Hon har litat på att den erfarna personalen ser till de boende. Nu visar det sig att de boende utsatts för både fysiska och psykiska övergrepp. Arbetssätt följs inte och personalen har skapat egna rutiner/arbetssätt och de boende har inte fått överenskomna insatser som de har rätt till. Kritik har också kommit från närstående. Det är en mycket dålig personalkultur på vårdboendet.

– Du måste få extra resurser med personer som leder arbetet i arbetsgrupperna, någon som kan vara närvarande där ute säger Birgitta.

Hon tänker på vad Emma pratade om på förmiddagen. Risken finns att det blir samma sak på hennes vårdboende. En verksamhetsutvecklare ska hjälpa chefskollegan att ta fram en åtgärdsplan. Någon anmälan till IVO (inspektionen för vård och omsorg) behövs inte. Det räcker med anmälan till kommunen.

Efter mötet ska Birgitta träffa den erfarna undersköterskan Roger. Han har bett om en tid för samtal. Hon vill gärna lyssna på sin personal, men tid för det är svårt att få till och då blir det svårt att fånga upp olika förbättringsförslag som personalen kommer med. Nästan all Birgittas tid går till arbetet med rekrytering och att lösa personalsituationen. Vid hennes vårdboende skulle de behöva vara två chefer för att räcka till. Är hon borta är det ingen som gör hennes arbete. Det är kvar tills hon kommer tillbaka till arbetet igen.

Birgittas man tycker hon ska sluta som chef eftersom hon är så trött när hon är ledig. Hon orkar inte göra något på sin fritid längre.

Hon träffar Roger som vill diskutera ett förslag han har. Det handlar om att ge de boende något mer energigivande under kvällen för att de inte ska vara utan mat i 12-14 timmar som många av dem är i dag. Roger tror att de boende skulle bli piggare om de fick något mer under kvällen, men vem ska komma ihåg att ge dem det? Även Roger är trött på att de rutiner de har inte följs. Han suckar.

– Många av dem jag arbetar med förstår inte. Det hjälper inte att förklara för dem.

Roger reser sig för att gå och fortsätta arbeta.

När Roger gått sätter sig Birgitta vid skrivbordet och blundar. Hon tänker på hur hon skulle vilja arbeta och ha personalmöten varje vecka för samtal med arbetsgruppen om hur omsorgen fungerar, vad som fungerar bra och inte fungerar bra. Samtidigt lägga in korta inspel av föredrag om personcentrerad vård i små portioner. Utöver det ha utbildning i bemötande och den värdegrund som behöver finnas på arbetsplatsen. Hon skulle också vilja ha löpande fortbildning kring vanliga läkemedel som insulin, blodtryckssänkande och blodförtunnande läkemedel och så grundläggande dokumentation och rapportering. Ett annat område som det behövs mer kunskap om är vård och omsorg vid livets slutskede, och vad man gör när någon dött. Flera i hennes personalgrupp är rädda för döende människor.

Det är så mycket hon känner skulle behövas för att de boende ska få en trygg och säker vård. Generellt behöver kraven på kunskap höjas, men vad kan hon göra åt det när det ser ut som det gör? Hon reser sig, tar sin väska och går hem med en tung och vemodig känsla i hela kroppen.

Arvid flyttar för andra gången

I slutet av sommaren ringer handläggaren från kommunen och erbjuder Arvid en plats på det vårdboende de önskat till honom. Astrid och Sören besöker boendet och tittar på rummet som är ledigt. Det är ett stort rum på andra våningen med utsikt mot entrén och trädgården. Astrid pratar sedan med Arvid om vad han tycker om att flytta och han är positiv till det. Han tycker det känns bra att komma närmare sina anhöriga och så kan han gå ut och sitta i trädgården när det är fint väder. Flytten ordnar kommunen med eftersom det är pandemi.

Personalen på det nya boendet hjälper till att packa upp, men Arvid vill ha det på sitt vis och det är inte lätt för personalen att förstå. De första dagarna längtar Arvid tillbaka till det förra boendet. Personalen var gladare där. Här är de alltid stressade och talar om att de inte har tid för att det är andra som behöver hjälp. Han saknar Manuel och stunderna när de satt och pratade och lyssnade på musik. Hans nya kontaktperson heter Tomas. Honom kan Arvid skoja med och han hjälper Arvid så snart han har tid, men även Tomas är stressad. Positivt är att Arvid kan ta emot besök utomhus. Det är trevligt att sitta nere i trädgården och dricka kaffe.

En dag när han går ut i dagrummet träffar han Bernt som också bor på vårdboendet men på en annan våning. Det är en kamrat från barndomen. De var båda två med när det firades Barnens dag på 1940 – talet. Arvids mamma sydde maskeraddräkter till dem och de gick med i tåget som gick genom centrum av staden. Bernt och Arvid ordnade också cirkus på innergården där de bodde. Arvids mamma sydde dräkter till de som skulle uppträda. Till cirkusen bjöds förbipasserande från gatan in. Ryktet spred sig om cirkusen och vissa dagar var det fullt med publik. Det var mycket barn i olika åldrar på gården där de bodde. Eftersom de flesta var trångbodda lekte de ute. Det fanns inte plats inomhus. I lägenheten där Arvid bodde fanns det badrum. Det var lyx på den tiden. Det hade inte Bernts familj. De åkte till en släkting och badade. Arvid tycker om att prata med Bernt om den här tiden, vad de gjorde och vilka andra som var med och lekte.

– Vi kanske skulle arrangera en cirkus här säger han till Bernt. Många clowner har vi här men det blir värre att hitta någon som kan gå på lina.

– Du är tokig och vem skulle få fart på alla som varken kan gå eller stå. Möjligtvis skulle vi kunna starta en kör, men det skulle ta tid för personalen att hjälpa till med det och den tiden finns inte.

Hösten kommer och det blir svårt att sitta ute. Om Arvid ska ta emot besök på sitt rum får max två personer besöka honom samtidigt. Varje gång Christina besöker honom får hon börja med att torka av borden och rollator och putsa Arvids glasögon. Han sitter oftast och sover i sin fåtölj med en skiva som spelar jazzmusik.

Christina stänger av musiken och sätter sig hos Arvid.

– Hur har du det?

– Jag saknar Astrid varje dag.

Han berättar hur det var när de träffades en kväll på ett dansställe 1954. Efter den kvällen hade det alltid varit de två.

– Tänk om hon kunde flytta hit, men det går inte för hon är för frisk.

Det kommer tårar i Arvids ögon.

– Det är så ensamt här. Ingen har tid att sitta ned och prata. En del sliter och drar i mig. Tar de för hårt i mig får jag blåmärken.

De bestämmer sedan att nästa gång Christina kommer ska de ta fram granen och klä den.

– Jag ska höra om Tomas kan ta upp granen från mitt förråd så behöver du inte bära upp den när du kommer.

Nästa gång Christina besöker Arvid är granen på plats på Arvids rum. De hjälps åt att klä den, lägger juldukar på borden och ställer julstjärnor i fönstren. Arvid sätter på julmusik och så dricker de kaffe och lite glögg som Christina tagit med. Efter en stund ringer det på dörren och en personal kommer in.

– Jag ska ge dig medicin.

Hon tar fram tabletterna Arvid ska ha, ger honom dem och signerar i en pärm.

– Det är bra att ni anhöriga tar med kaffe för här bjuder vi inte på något.

Hon lämnar sedan rummet med snabba steg.

– Hon är ganska vresig och sällan glad, men det här med glöggen var uppiggande.

Arvid ser sig om i rummet.

– Det blev ju ganska trevligt här inne nu när julsakerna kommit på plats.

Astrid på korttidsboendet

Våren kommer och dagarna blir ljusare. Astrid försöker klara av att sköta huset, men det blir svårare och svårare. Vissa dagar orkar hon inte gå ut. Sören handlar åt henne och städerskan kommer varannan vecka. Hon har ringt Ronny för att få fortsatt hjälp i trädgården. En lördag orkar hon inte röra sig inne längre. Sören åker med henne till akuten och hon blir inlagd. När Astrid är färdigbehandlad för sitt hjärta kan hon inte komma hem till huset direkt efter vårdtiden på sjukhuset. Hon får därför en plats på ett av de korttidsboenden som finns i kommunen. Planen är att hon ska rehabiliteras där för att sedan komma hem till huset.

Hon anländer till korttidsboendet med taxi. Dörren till boendet är låst. Taxichauffören ringer på och dörren öppnas. Boendet ligger på andra våningen. Även denna dörr är låst, men personal står i dörren och möter upp.

– Välkommen hit säger en pojke. Är det du som är Astrid?

– Det stämmer, Astrid tittar på pojken som hälsat på henne. Han presenterar sig som Ibrahim har en keps som sitter bak och fram.

– Du måste komma in fort för jag måste låsa dörren.

Astrid skyndar sig in genom dörren med sin rollator.

– Vi har en man som bor här som rymmer om dörren är öppen.

Astrid tar några steg till och hamnar i dagrummet. Där går en man runt borden helt naken. Ibrahim förklarar att de inte kan få på honom några kläder.

– Var är mitt rum?

– Det ligger här borta i korridoren.

Han visar henne bort mot en korridor. De kliver in i det rum som Astrid ska bo i. Där inne finns en säng, ett sängbord, samt bord och stolar. En vissen blomma står i fönstret. Persiennen i fönstret hänger på trekvart, eftersom persiennsnöret är trasigt.

– Tv kan du bara se ute i dagrummet.

Sedan lämnar han Astrid på rummet. Astrid sätter sig vid bordet. Hon känner en inre oro över det boende hon ska ha den närmaste tiden och hon kan inte tänka sig att gå ut i dagrummet igen där den nakne mannen cirkulerar runt, runt.

Då får det vara med Tv-tittande och maten borde hon kunna få in på rummet. Jag får förströ mig med min bok och korsord. Ute i dagrummet vill jag inte vara.

Efter en stund kommer en annan pojke in på Astrids rum. Han heter Martin och berättar att han är Astrids kontaktperson. Martin är tystlåten och fåordig. Berättar kort om de regler och rutiner de har på korttidsboendet samt att han själv varit sjuk en tid och inte mått så bra psykiskt, men nu arbetar han halvtid igen. Astrid tänker att det är tur att hon kan sköta insulin och läkemedel själv. Martin känns inte som någon trygghet för henne. Efter att Martin gått ringer hon Sören och berättar var hon hamnat och att hon inte törs gå ut i dagrummet. Sören hör att hans mammas röst inte låter som när de brukar talas vid. Hon pratar fort nästan som i panik. Han lovar att ringa personalen senare på eftermiddagen. Sören ringer upp på det nummer han fått, men den personal han får prata med talar bara om för honom att Astrid är på plats i sitt rum och att hon mår bra.

Vid 18.00 på kvällen hör Astrid skrik utifrån dagrummet och flera dunsar. Det låter som ett bråk mellan flera personer. Efter en stund hör hon att polisen anländer. Den demente mannen har blivit aggressiv och kastat möbler omkring sig. Personalen kunde inte lugna ner honom utan tillkallade polis.

Astrid sköter sina mediciner själv och tar sitt insulin. Hon har en dosett som hon delar en gång i veckan. Vid sextiden äter hon lite kvällsmat på rummet och sätter sig sedan och läser i sin bok en stund. Boken är spännande och välskriven av författaren Malin Persson Giolito. Hon gillar även Leif G-W Perssons böcker men hans dotter skriver ännu bättre. Astrid är trött efter allt som varit under dagen och lägger sig vid 21.00. Hon längtar hem till huset även om Arvid inte är där. Tänker på hur det ser ut i trädgården nu på våren när blommorna börjar komma. På husets framsida finns ett hörn där hon brukar sitta och sola på våren. Ofta kommer grannkatten och lägger sig bredvid henne. Den gillar också att sola. Hon längtar även efter Arvid, men hon vet att de aldrig mer kommer bo tillsammans. Det är en svår tanke som gör ont varje gång den kommer.

Dagen därpå vaknar Astrid av att en kvinna som heter Sabina väcker henne. Hon frågar henne vad hon vill ha till frukost. Astrid brukar äta fil med havrefras och en smörgås samt te till frukost. Här har de söt yoghurt, inga flingor men vitt bröd.

– Du kan få ett glas saft till om du vill ha något mer att dricka?

Astrid påtalar då att hon har insulinbehandlad diabetes och hon ska inte äta söt yoghurt eller dricka söt saft.

– Det får bli te och smörgås om ni inte har något annat.
Sabina går ut och kommer tillbaka efter en stund med te och
smörgås och ett glas söt saft. Astrid äter upp smörgåsarna
och dricker av sitt te. Saften häller hon ut i handfatet. Astrid
skulle gärna vilja duscha men personalen har inte tid att hjälpa
henne. Hon tvättar av sig så gott det går och tar några puffar
av Elisabeth Arden. Det luktar rosor om den. Åter igen kommer
bilden av huset upp. Tänk om hon kunde slippa att vara här.
  Hon hör inget från dagrummet. Kanske vågar hon gå ut
dit en stund. Det blir så långsamt att bara sitta inne på rum-
met. Hon tar rollatorn och går ut i dagrummet. Där står tv:n
på med hög volym och en kvinna i rullstol sitter och sover
framför den. Programmet som visas är en gammal svartvit
film från 50-talet med Thor Modéen. Astrid letar efter en
Tv-kontroll men hittar ingen. Hon ser ingen personal och
den demente mannen syns inte till han heller. Astrid går
ett varv på avdelningen och ser sig om. Alltid bra att röra
på sig om jag ska kunna komma hem någon gång. Kvinnan
framför tv:n vaknar till. Astrid sätter sig vid henne och de
pratar en stund. Kvinnan som heter Elsa väntar på plats på
ett vårdboende. Hon kan inte komma hem till sin lägenhet
där hon bott ensam med hjälp av hemtjänst. Elsa har haft en
stroke och efter det bär inte ena benet. Hon måste därför
förflytta sig med hjälp av en rullstol.
– Som tur är påverkar inte stroken talet. Prata kan jag och
    jag vet hur jag vill ha det.
Astrid berättar för Elsa om hennes Arvid och det boende
han är på. Elsa vill komma till ett vårdboende där hon kan
gå ut och där det finns en trädgård.

– Då ska du inte välja det vårdboende Arvid var på tidigare.
  De boende fick inte gå ut och det finns ingen trädgård.
  De hade bara utsikten över en starkt trafikerad gata att
  titta på.

De pratar vidare och har det ganska trevligt. När det blir
dags för lunch dyker den demente mannen upp igen. Astrid
tycker det är obehagligt och går därför in på sitt rum. Hon
äter lunchen på rummet och vilar sedan en stund efter det.
Sören ringer vid 15.00 och undrar hur hon har det. Han be-
rättar att han har pratat med personalen som säger att hon
mår bra och då är det väl så. Först tänker Astrid inget säga
om den demente mannen till Sören, men sen kan hon inte
hålla sig. Hon gråter och berättar för Sören vad hon upplevt.
Sören blir rädd. Hans mamma brukar inte gråta. Vad är det
som pågår på korttidsboendet?

– Jag ska prata med Christina och lovar att ringa igen under
  kvällen.

Sören skickar ett sms till Christina att hon ska ringa upp när
hon kommer hem från arbetet. Christina ringer Sören och
han berättar om samtalet med deras mamma.

– Ska det vara så här på ett korttidsboende? Mamma mår
  inte bra av att vara där. Hon brukar aldrig gråta. Det är
  något som inte är bra där hon är. Dessutom tycker jag hon
  låter tungandad när vi pratar.

Christina lovar att ta kontakt med personalen och höra
om de tagit en vikt på Astrid. Det skulle göras dagligen.
Hon ringer korttidsboendet. Någon vikt har de inte hunnit
ta men lovar göra det under morgondagen. När de väger
Astrid dagen därpå har hon gått upp 5 kilo från det att hon

skrevs ut från avdelningen på sjukhuset. Hon har svårt att andas. Astrid vill inte vara kvar på korttidsboendet. Sören och Christina bestämmer sig för att ta hem Astrid och att en av dem sover hos henne på nätterna. Astrid är hemma ett dygn, sedan måste hon söka akut hjälp igen. Hon orkar inte röra sig inomhus. Får inte luft. Sören ringer efter ambulans och Astrid läggs åter in på sjukhuset.

God vård och hemtjänsttjuvar

Astrid mår bättre efter några dagar på sjukhuset. Christina och Astrid har ett bra samtal med den ansvarige läkaren på avdelningen. Eftersom det är njurarna som är bekymret denna gång erbjuds Astrid dialys hemma men hon tackar nej till det. Hon känner att hela dagarna skulle bli upplåsta av det. Dessutom ser hon väldigt dåligt och vet inte om hon skulle klara av det. Hon väljer i stället fortsatt medicinering och anslutning till LAH (lasarettsansluten hemsjukvård) (9). Christina har läst att syftet med den vården är att förbättra livskvaliteten för patienter och de närstående, genom att förebygga och lindra lidandet genom tidig upptäckt bedömning och behandling av smärta och andra fysiska, psykosociala och andliga problem som kan uppkomma i samband med livshotande sjukdom (10). Personal från LAH kommer att besöka Astrid varannan vecka till att börja med. Hon kan ringa dit dygnet runt om det är något som inte är bra. LAH-personalen har ett långt introduktionssamtal med Astrid, Christina och Sören där de försöker få Astrid att berätta vad som är viktigt för henne. Det blir ett bra samtal där de gör en plan för de kommande månaderna.

– Det här känns tryggt. Nu behöver jag bara hålla reda på ett telefonnummer om jag inte mår bra och så svarar de dygnet runt. Tänk om Arvid kunde fått LAH. Då hade han kanske kunnat bo hemma han med.

Det var bra att de varit med alla tre och diskuterat och fått ställa de frågor de har. Christina tänker på Kirkegaards ord och känner att personalen som kommer att ge Astrid vård framöver har en förmåga att lyssna. De har också varit tydliga med vad de kommer att hjälpa till med och vad Astrid måste göra själv. Det viktigaste nu är att hennes mamma känner sig trygg. Astrid har aldrig tidigare i livet bott ensam. Det har varit tufft för henne den sista tiden och så nu när Astrid själv blivit sämre. Nu kommer hon ha LAH att vända sig till och det känns bra för både Christina och Sören. Det svåra är bara att Astrid och Arvid aldrig velat prata om hur de vill ha det i livet slut. För Christina är det en naturlig sak, men för föräldrarna är det inte så. Sören har inte heller tagit upp det vid något tillfälle. Christina tänker på vad Astrid Lindgren skrev om döden.

»Man bör leva sitt liv så man blir vän med döden«

Efter två veckor på sjukhuset får Astrid komma hem till huset igen. Nu med hemtjänst morgon och kväll samt att hon ska få matlåda till lunchen och duschhjälp två gånger i veckan. På första dagens morgon står en man vid Astrids säng och säger att hon ska gå upp. Han drar av henne täcket och går ut i köket. Tar fram två brödskivor ur frysen och tinar i micron på full effekt. Brödet blir hårt av den höga effekten i micron. Astrid kommer upp på benen, tar på sig morgonrocken men känner sig yr. Tur att hon har sin rollator. Hon ber mannen hämta tidningen i brevlådan. Den vill hon läsa även om hon ser sämre och sämre. Rubrikerna ser hon fortfarande och sedan kan hon ta hjälp av förstoringsglaset om det är någon artikel hon vill läsa.

I dag ser hon fram mot att få lunchlådan eftersom det ska vara kålpudding till lunch. Det var många år sedan hon åt det. De senaste åren har hon inte orkat laga det själv. När klockan är 13.00 har hon inte fått någon mat. Astrid har tagit sitt lunchinsulin. Hon börjar bli hungrig och tar en banan för att stilla hungern och ringer sedan hemtjänsten. De har nog missat henne den här dagen och lovar att komma så snart de kan. Vid 14.15 dyker en pojke upp med mat men då har han glömt såsen.

Jag äter det i kväll tänker Astrid och ställer in lådan i kylen. Till kvällen äter hon det hon brukar äta på kvällarna smörgås och te. Hon är inte sugen på kålpuddingen. Den får stå kvar i kylskåpet.

Den tredje dagen med hemtjänst ska Astrid få hjälp att duscha. Det är en ovan situation för henne att klä av sig naken inför en främmande människa. Hon har sagt till att hon vill ha hjälp av en kvinna när hon ska duscha. Det känns lite bättre. Vid 09.00 kommer två kvinnor, den ena gör frukost och bäddar medan den andra hjälper Astrid med duschen. Det är underbart att duscha. Kroppen slappnar av och hon känner sig ren. Tar på sig rena kläder och så några puffar av Elisabeth Arden. När allt är klart och Astrid sitter vid köksbordet och äter frukost lämnar kvinnorna henne. Efter att ha ätit upp frukosten går hon in i sovrummet för att sätta på sig guldarmbandet som hon fått av Arvid när de firade guldbröllop. Armbandet har hon på ett litet silverfat som står på hennes sängbord. Hon sätter sig på sängkanten och tittar på silverfatet. Det är tomt, armbandet ligger inte där. Hon vet att hon tog av sig det kvällen innan och la det på fatet, men nu finns inget armband där. Kanske har det hamnat på golvet när de bäddade, men hon kan själv inte leta på golvet. Astrid går ut i köket och tar sin telefon. Skickar ett meddelande till Sören som hon vet arbetar. Hon ber honom komma efter arbetet för att hjälpa henne leta efter armbandet.

Sören kommer och han letar igenom hela sovrummet. Vänder på täcken och lakan, flyttar på sängen, men något armband finns inte. Armbandet är borta. På kvällen ringer Sören till Christina och berättar vad som hänt. Någon av dem måste prata med hemtjänsten. Sören lovar att ringa hemtjänsten efter arbetet nästa dag. Chefen för hemtjänsten svarar sent på eftermiddagen. Hennes kommentar är att
– din mamma måste förstå att hon inte kan ha guld framme
   som kan locka personalen att stjäla. Ni får göra en polisanmälan. Jag kan inte göra något åt detta.
Sedan avslutar hon samtalet. Sören vet inte vad han ska göra. Ska inte hans mamma kunna ha något av värde framme i sitt eget hem bara för att hon är i behov av hemtjänst? Vem vill bli vårdad av tjuvar? Och vad kommer de ta nästa gång? Han ringer Christina på kvällen och hon lovar att göra en polisanmälan. Händelsen polisanmäls men ärendet läggs ner. Astrid får en summa pengar från försäkringsbolaget i ersättning för armbandet. Nästa gång Christina besöker Arvid berättar hon för honom om stölden. Han blir ledsen och orolig. Ska hans Astrid bli vårdad av hemtjänsttjuvar? Bäst att han själv blir mer vaksam också. Vem kan man lita på?

Ett svårt beslut

Astrid blir tröttare och tröttare, hon sitter ofta i soffan på altanen och sover. Synen har försämrats ytterligare och hon har svårt att läsa böcker, men försöker så gott det går. Huset är stort och även om hon har hjälp med städning och trädgård är det mycket annat som ska skötas. Sören handlar till henne eftersom hon inte orkar gå till affären längre. Ibland följer hon med i bilen och de handlar i affärer där det går att parkera utanför. Astrid tycker det är roligare om hon kan vara med i affären och välja själv vad hon vill ha hemhandlat. Det går inte åt så mycket nu när hon är själv hemma och hon får lunchen från hemtjänsten. En dag ringer telefonen. Det är från kommunen som meddelar att Astrid fått en lägenhet på ett trygghetsboende. En av lägenheterna som hon har varit och tittat på tidigare är ledig. Hon blir erbjuden lägenheten. Dit skulle hon gärna flytta. Sören, Christina och Astrid får en tid för visning av lägenheten. Det är två rum och kök med en stor balkong och ett förråd på en annan våning. Hela lägenheten är anpassad så att det ska gå lätt att ta sig fram med rullstol och rollator. Det finns också möjlighet att äta i en matsal på bottenvåningen. När de tittat på lägenheten bestämmer sig Astrid för att tacka ja till den. Astrid är glad över möjligheten att flytta, men samtidigt känns det svårt att behöva sälja huset där de bott i 36 år. Hon får tänka att hon haft tur som får ett boende som hon vill ha själv. Den möjligheten fick inte Arvid. Christina kontaktar en mäklare.

Hon pratar även med Arvid om att de måste sälja huset eftersom Astrid inte orkar bo där längre. Han förstår men blir ledsen och tyst. Sedan säger han att han säljer bara till någon som tar hand om rosorna.

Nu har de mycket att göra alla tre med att förbereda huset inför visning och sedan börja rensa inför flytten. Det är många minnen som kommer upp när de går igenom alla saker. Det svåraste för Astrid blir att inte ha en matsal, men kanske kan hon ha matsalsbordet i vardagsrummet utan iläggsskiva och med fyra stolar till. Astrid ligger hela nätterna och planerar. Mäklaren kommer och fotograferar. Han berömmer den fina trädgården och planlösningen på huset.

– Det här är inga problem att sälja. Huset är väl underhållet och ligger i ett attraktivt område säger mäklaren.

De har visning två gånger sedan är huset sålt till en småbarnsfamilj. I oktober flyttar Astrid till sin lägenhet. Hon är så nöjd med den. Nya tapeter i köket har hon fått och lägenheten är ljus. Hon får plats med mycket av de möbler de hade i huset. Bättre kan jag inte bo säger hon till sina vänner när de ringer. Jag har haft tur som fick den här fina lägenheten.

Eftersom Astrid flyttat måste det tas ett nytt beslut om hjälp med dusch. Innan det nya beslutet är taget får Christina hjälpa Astrid att duscha. Hon åker till sin mamma efter arbetet för att hjälpa henne. Det är rörigt i lägenheten när hon kommer dit. Något stämmer inte för det ser inte ut som Astrid brukar ha det. Astrid själv säger att de som kommer för att hjälpa henne från hemtjänsten inte förstår vad hon säger.

— De har bråttom och hinner inte sitta ned för att höra vad
jag vill säga till dem. Ibland står det bara någon i köket
utan att ha ringt på. Jag hör inte när de kliver in. Det är
obehagligt att de går in och ut hos mig utan att jag märker
det. En man som kommer ibland ställer sig mitt i lägenhe-
ten och håller upp armen som att han skjuter runt omkring
sig. Det är en ritual han gör varje gång han kommer in
innan han kan börja arbeta. Jag är rädd för honom. Tror
han varit med om något hemskt.

Oväntat besök

Arvid är inlagd på sjukhuset igen. Han har lunginflammation med hög feber. Margot som arbetar på vårdboendet ringde sjuksköterskan som ordnade med transport till sjukhuset. Först får Arvid ligga några timmar på akutmottagningen för att sedan läggas in på en vårdavdelning. Astrid och Sören var med honom på akuten men de åker hem när han fått en plats på en vårdavdelning. Andra dygnet flyttas han till en ny vårdavdelning. När Astrid ringer till den avdelning Arvid hamnat på först berättar sjuksköterskan att Arvid flyttat. Ingen har ringt och berättat det för de anhöriga och ingen kan tala om hur Arvid mådde när han flyttade. Framåt kvällen ringer personal från den nya avdelningen och undrar om någon kan ta med ett par gamla glasögon till Arvid. De han hade på sig när han åkte till sjukhuset är borta. Förmodligen har de försvunnit i flytten från den ena avdelningen till den andra. Arvid får ligga på avdelningen i två dygn sen flyttas han åter igen till en ny avdelning. Han ligger på ett rum med utsikt mot en cementvägg. Christina besöker Arvid på sin lunch. När hon kommer in på rummet ligger han i sängen med grindarna uppfällda. Ryggstödet är uppfällt och framför sig har han en matbricka. Arvid sover i sittande ställning med ena armen i maten. Christina tar bort matbrickan och sänker ner ryggstödet. Arvid vaknar till men är oklar. Han känner inte igen Christina och vet inte var han är. Hon lämnar rummet och går ut till avdelningens expedition. Där finns en sjuksköterska men hon har inte hand om Arvid och kan därför inte svara på de frågor hon har. Christina ber henne om hjälp med att kontakta den ansvariga avdelningsläkaren för att ringa henne så snart hen kan. Hen ringer efter tre dagar. När Christina påtalar att hennes pappa är förvirrad förklarar han det med att äldre människor har sköra hjärnor och lätt får kognitiv svikt. Christina blir arg och undrar om det är någon som tänkt på hur det blir för en äldre människa med hög feber, utan glasögon och som bytt vårdavdelning tre gånger på fem dagar. Dessutom ligger han på ett rum med utsikt mot en cementvägg. Hur ska han veta var han befinner sig? Arvid får sedan vara kvar ytterligare några dagar på samma avdelning innan han får återvända till vårdboendet.

Det ringer på Astrids dörr. Hon tar sin rollator och går för att öppna. Vem kan det vara som kommer så här dags på eftermiddagen?

– Titt ut, Arvid ler glatt när Astrid öppnat dörren.

Där sitter Arvid i en rullstol med en stor väska i famnen. Bakom honom står en chaufför som snabbt talar om att han slutar sitt pass nu. Han släpper rullstolen och går.

– Chauffören sa att jag skulle åka hit fast jag påpekade att jag bor på ett annat vårdboende.

Astrid baxar in rullstolen i hallen och stänger dörren. Vad ska hon göra?

– Visst borde det synas i systemen att du inte bor här. Chauffören måste sett fel.

Astrid puffar in rullstolen med Arvid in till köksbordet.

– Är du törstig?

– Ja lite saft skulle vara gott. Jag åkte från sjukhuset vid
  13.00 och nu är klockan snart 16.30.
Astrid ger Arvid lite saft och ringer sedan till hans vårdbo-
ende. Det är Margot som svarar. Astrid tycker om henne.
Hon bryr sig om Arvid på ett bra sätt. Margot har väntat på
Arvid och undrar var han är.
– Jag larmar på personalen här så kan de nog hjälpa till
  säger hon till Margot.
Arvid hade gärna stannat en stund. Tycker Astrid har det
så fint och nästan alla möbler och saker från huset finns
hemma hos henne.
– Margot väntar på dig.
– Det är bra. Margot kan man lita på.
Astrid larmar på personalen och Frida kommer inom några
minuter. Hon hjälper Astrid beställa färdtjänst till Arvid och
följer honom sedan ner till entrén för att se till att Arvid kom-
mer iväg till sitt vårdboende. Astrid ringer till Margot igen
och hon lovar gå ner till entrén och möta upp. När Arvid är
på plats på sitt rum ger Margot honom lite att äta och sedan
hjälper hon honom i säng.
– Nu är jag hemma, sedan somnar han inom några minuter.

Hur är det?

Under hösten har Astrid, Christina och Sören haft fullt upp med försäljningen av huset och Astrids flytt. De har därför inte hunnit med att besöka Arvid så ofta som de hade önskat. Christina märker att Arvid blir sämre. Han är trött och sitter ofta och sover i sin fåtölj när hon besöker honom. Arvid har magrat. Han får kosttillskott men äter dåligt i övrigt. Han klarar inte av att ringa med telefonen själv längre. Christina har bett personalen att de ska hjälpa honom att ringa Astrid men det är ingen som har tid med det. Annat som oroar Christina är att Arvid ofta är smutsig, sårig och orakad när hon besöker honom. Bordet där han sitter och äter är fullbelamrat med saker och oftast inte avtorkat. Arvid har alltid varit noga med sina kläder. Han har ett stort antal fina pikéer, skjortor och tröjor i skåpet, men de är söndertvättade. Glasögonen är kladdiga och han har svårt att se. Även Astrid oroar sig för hur Arvid har det. Ringer hon till personalen säger de att allt är bra. Kontaktpersonen hör bara av sig om något behöver handlas.

Till 1:a advent åker Christina till vårdboendet för att dricka adventskaffe med Arvid. Det snöar och stora vita flingor lägger sig på marken som bomullstussar. När hon står på parkeringen i mörkret och tittar mot vårdboendets fönster är det något som inte stämmer. Hon ser att det bara står adventsljusstakar i något enstaka fönster. Konstigt tänker hon. Har de inte tagit fram ljusstakarna till advent. I entrén är det mörkt och tyst. När hon kliver in i Arvids rum sitter han i mörkret och sover. Någon adventsljusstake är inte framtagen hos honom heller. På väggen hänger almanackan med oktober månadsbild. Bordet är kladdigt och post ligger blandat med tidningar i en hög. Arvid har nerspillda kläder på sig är orakad och håret är smutsigt. Han har ställt en flaska kosttillskott på rollatorns bräda men den har vippat och innehållet har runnit ut på kläder och golv. Christina stryker Arvid på den såriga armen och Arvid vaknar.

– Hej, jag kommer med lite adventskaffe.

– Är det advent?

Arvid tittar bort mot almanackan.

– Det har ingen sagt till mig. Då skulle jag ha tagit fram adventsljusstakarna tills du kom och gjort lite fint här inne.

Christina går ut i korridoren för att prata med någon i personalen, men ingen syns till. Hon går sedan ned i Arvids förråd och hämtar hans två adventsljusstakar. När hon är tillbaka på Arvids rum är en av personalen där. Hon ska ge Arvid medicin.

– Vad bra att du kom i dag. Vi har inte hunnit med att ta fram ljusstakarna till advent. Om du undrar över Arvids blåmärken så är det inte vi som orsakat dem.

Hon går sedan utan att säga något mer. Christina ställer upp ljusstakarna och plockar i ordning. Bland tidningarna hittar hon en kallelse till sjukhuset och ett brev med ett tandkort. Hon diskar och torkar av bord och rollator.

– Nu när vi ska ha adventskaffe får du sätta på dig rena kläder.

Arvid väljer en röd piké och ett par gråa mjukisbyxor.

– Jag ser nästan ut som tomten. Skägg har jag också börjat
odla.

De dricker sedan kaffe och pratar om hur de ska fira julafton.
Viktigast är julklappspelet och så Karl Bertil Jonssons jul.
De två sakerna måste de göra annars är det ingen riktig jul.
Christina försöker få Arvid att prata om hur han tycker det
är på vårdboendet.

– Alla är inte snälla här. Särskilt några på natten. De perso-
nerna får jag passa mig för.

Han suckar och tar Christinas hand.

– Du får inte berätta vad jag sagt. Då kan jag råka illa ut.

När Christina går tänker hon på alla andra boende som inte
har någon anhörig som kan komma och ta fram adventsljus-
stakarna till advent. Det lyser i Arvids fönster men i flera av
de andra fönstren finns inga ljusstakar. Hennes egen pappa
är uppenbarligen rädd för en del av personalen. Vad är det
som pågår på vårdboendet?

Dagen där på ringer Christina till enhetschefen för Arvids
vårdboende. Hon framför att hon är orolig för att Arvid inte
får den grundläggande omvårdnaden tillgodosedd. Han
äter inte tillräckligt, är smutsig, har smutsiga kläder, och
han har sår på både armar och ben. Enhetschefen lyssnar
och säger att hon ska prata med personalen. Vårdboendets
sjuksköterska ringer Christina några dagar senare. Hon har
diskuterat med Arvids läkare om hur de ska få honom att få i
sig tillräckligt med näring. Sjuksköterskan är erfaren och har
arbetat inom äldreomsorgen i många år. Det känns tryggt för
Christina att prata med henne. Hon gör samma bedömning
som Christina att Arvid blivit mycket sämre under hösten

och är orolig för hur det ska gå, men lovar att återkomma om det blir någon förändring.

På julafton hämtar Sören Arvid efter lunch och han är med och firar jul i Astrids lägenhet. Det är bra där. Badrummet är handikappanpassat och han kan gå med sin rollator utan att det tar emot. Han är nöjd med att Astrid kunnat ta med sig så mycket av de möbler de hade i huset. Det är nästan som i huset i Astrids lägenhet. De spelar julklappspelet och han tar hem tre chokladkartonger den här julen med. Vid 20.00 orkar han inte längre och Sören skjutsar honom tillbaka till vårdboendet. Nattpersonalen som arbetar den natten pratar länge med honom tills han somnar. Det blev jul trots allt.

Restaurangbesöket

I dag blir en trevlig dag tänker Arvid och tittar på almanackan där han skrivit upp restaurangbesök. Bäst jag vilar mig under dagen så att jag orkar följa med. Barnen och Astrid ska komma vid 17.00 och hämta mig. Jag ska ta en drink innan maten och så något gott kött att äta för att sedan avsluta med efterrätt.

Den sista tiden har han inte haft någon aptit. Han har ätit smörgås och nyponsoppa. Annan mat har inte smakat. Personalen har tjatat på honom men han har inte velat äta. Godis går alltid ner men det är inte alltid det finns något. Bäst är ostkaka med sylt och vispgrädde. Det slinker ner så lätt. Han har alltid gillat ostkaka.

De ska äta på den Italienska restaurangen där de varit många gånger förut. Där är det lugnt och personalen är både skojig och trevlig. Han brukar prata med personalen om alla de resor han och Astrid gjort till Italien. Ibland drömmer han om att han är där igen, men nu kan ingen resa när det är pandemi. Vilken tur det är att Astrid och han rest så mycket. Han har många fina minnen att tänka på där ifrån. Samtidigt känns det lite tråkigt för anledningen till att de ska gå på restaurang är att huset är sålt, men det gick inte att ha kvar när varken han eller Astrid kan bo där. Han är nöjd ändå för de fick 36 fina år i sitt hus.

— Är du redan uppe säger Bibbi när hon kommer in med
  frukosten.

– Ja visst, i dag ska jag på restaurang. Jag får förbereda mig
   inför kvällen och vila på för- och eftermiddagen.
Oj, vad det snöar ute. Arvid sitter nere i entrén och väntar
på att bli hämtad av Astrid och barnen. Jag borde haft an-
dra skor på fötterna. Han vickar med tårna i innetofflorna.
Bobby som hjälpte honom att klä om sig hade så bråttom.
Ofta förstår han inte heller vad Arvid säger. I dag hade
Arvid gärna tagit på sig en skjorta och slipover men Bobby
förstod inte vad han menade utan tog fram en pikétröja.
Urtvättad var den, men det är hans kläder ofta nu för tiden.
Personalen tvättar kläderna för varmt. Arvid tar sig om
hakan och känner att det hade nog inte skadat om han
hade fått hjälp att raka sig. Vinterjacka har jag i alla fall på
mig men under den har jag visst bara pikétröjan. Byxorna
är visst fläckiga. Jag skulle satt på mig ett par snyggbyxor
i stället för mjukisbyxor. Det blir första gången jag går på
restaurang i tofflor och mjukisbyxor. Lite synd att Bobby
hade så bråttom för Arvid hade gärna klätt upp sig inför
restaurangbesöket. Jag hoppas det är varmt på restau-
rangen annars kommer jag att frysa. Nu kommer visst bilen
med Astrid och barnen.
   Astrid sitter i baksätet och vinkar till Arvid. Den där varma
känslan i kroppen kommer hos honom när han ser Astrid.
Han går ut genom dörren, men vad med snö det är ute!
Tofflorna sjunker ner i snön och han blir blöt om fötterna.
Sören hjälper honom ut till bilen.
– Har du bara tofflor på fötterna?
– Ja jag hann inte byta till ytterskor, personalen tog på mig
   de här

I bilen är det varmt och han sätter sig i framsätet. Framme vid restaurangen stannar Sören så nära ingången som det bara går. Personalen tar emot dem och de får ett bord där det är lugnt och gott om plats. Det knyter sig i bröstet på Astrid när hon ser hur Arvid ser ut, men hon säger inget. Han som alltid varit noga med kläder och sitt utseende. Nu ser han ut som en »uteliggare« tänker hon. Mager har han blivit också och hon ser att han fortfarande har fula sår på armarna. Hur tar de hand om hennes Arvid på vårdboendet? Jag skulle behöva vara där oftare och se till honom, men nu är jag sjuk själv och orken finns inte. Hon försöka tänka på annat och njuta av maten tillsammans med dem hon älskar mest av allt.

Vanvård

Några veckor efter restaurangbesöket ringer sjuksköterskan från vårdboendet och berättar att Arvid inte var kontaktbar på morgonen. Hon har därför skickat in honom till sjukhuset med ambulans. Arvid läggs in på grund av vanvård. Han blir kvar två veckor på sjukhuset. En anmälan skickas från sjukhuset till kommunen där det beskrivs att Arvid utsatts för vanvård på flera olika sätt. Astrid vet inte vad hon ska ta sig till. Arvid kan inte bo hos henne. Det finns inget att göra, han måste återvända till boendet som inte klarat av att tillgodose Arvids grundläggande behov. De anhöriga kan bara stå och se på hur illa det är. De har ingen möjlighet att påverka vården av Arvid. Den vanmakt de känner upptar deras tankar hela dagarna. Ingen från vårdboendet hör av sig.

Sören och Christina bestämmer att de ska åka till Arvids rum för att städa medan han är på sjukhuset. När de öppnar dörren till rummet möts de av en stank. I badrummets tvättmaskin ligger ett badlakan som inte blivit upphängt. Badlakanet har därför börjat mögla. Sören har svarta sopsäckar och handskar med sig. Han tar badlakanet och slänger det i en av säckarna och knyter om hårt. De öppnar sedan fönstren för att vädra ut lukten. Rummet är smutsigt och det mesta är kladdigt av utspilld mat och dryck. I kylskåpet står utgångna matvaror. Matbordet är fyllt med tidningar och andra saker. Viktig post och kvitton ligger överallt i badrum, byrålådor och bland sjukvårdsmaterial. I byrålådan längst ner har någon tryckt in gamla tidningar över förpackningar med kompresser. Arvids kläder och sängkläder ligger ihoprullade i högar i garderoben. Kläder och handdukar är söndertvättade. Arvids fina tröjor är förstörda av att de har tvättats för varmt. I fönstren står vissna blommor som inte fått vatten. Det tar Christina och Sören två timmar att få rent på rummet. Dagen därpå kontaktar Christina återigen enhetschefen för boendet. Hon berättar hur det såg ut på rummet. De bestämmer att de ska ha ett möte inom några dagar för att kunna planera för att Arvid ska komma tillbaka. Det här är första gången personalen på vårdboendet har ett möte med anhöriga om Arvids behov och vård. Med på mötet är en av undersköterskorna, Carina, som Arvid haft god kontakt med tidigare. Även Christina har träffat henne och hon tycker att de har haft en bra kommunikation. Carina har när de talats vid sagt att de under senaste året har haft stor omsättning på personal och flera som har haft språksvårigheter. Situationen har gjort att det inte är någon som håller samman vården för de boende. De har ett möte några dagar innan Arvid ska komma tillbaka. Då är även den ansvariga sjuksköterskan med. De diskuterar hur de på bästa sätt ska kunna tillgodose den grundläggande omvårdnaden. Arvid kommer att ha listor för mat och dryck samt urinmätning. Han ska få hjälp vid måltiderna. De ska hjälpa honom att raka sig och ta på rena kläder dagligen. Christina påpekar att de måste skapa en lugn miljö runt Arvid. Helst skulle Christina se att även Arvid blev ansluten till LAH. Det stöd sjuksköterskan på vårdboendet skulle behöva från läkaren på vårdcentralen är inte tillräckligt när de boende är så multisjuka.

LAH och palliativ vård

Det blir vår och ljusare ute. Astrid sitter ofta på sin balkong och sover. Hon behöver mer och mer hjälp. Orkar inte besöka Arvid så ofta som hon skulle vilja. För sin egen del har hon god kontakt med LAH och ringer dit när det är något hon undrar över. LAH-personalen besöker henne varannan vecka och tar prover. De sitter ner en stund när de kommer och pratar med henne. Förvissar sig om att hon förstår vad de säger eftersom det ofta är ändringar i medicineringen. LAH-personalen ringer även till Sören eller Christina och meddelar om de ändrar Astrids medicinering. Astrid sköter sin medicin själv och Sören hjälper henne att dela dosetterna varje vecka. Insulin och blodsocker sköter hon som hon brukar själv.

Sjuksköterskan på Arvids boende ringer Christina och meddelar att hon lyckats ansluta Arvid till LAH även om han bor på ett vårdboende. Hon har försökt få honom ansluten under en längre tid och nu har hon lyckats. Christina känner sig trygg med LAH. Någon mer vanvård ska inte Arvid behöva uppleva. Hon har känt sig så förtvivlad över den vård som hennes pappa har fått. Som anhörig har det varit hemskt att stå vid sidan om och inget kunna göra. Astrid är för sjuk själv och blir deprimerad av hur de har det. Hon kan inte förstå att de kan behandla människor så illa som de gör på Arvids vårdboende. Hade hon varit något lite friskare skulle hon tagit hem honom till sin lägenhet, men det går inte som det är nu. De är för sjuka båda två på var sitt håll. Hon får dåligt samvete för att hon inte orkar det.

Läkaren på LAH som är ansvarig för Arvid är samma läkare som Astrid har. Nu kommer Arvid få det han behöver. Under sommaren blir Arvid sämre och sämre. LAH-läkaren pratar med Christina och Sören i slutet av augusti. De har ett så kallat brytpunktssamtal. Samtalet markerar övergången från kurativ behandling till symtomlindring och vård i livets slutskede. Vid brytpunktssamtalet ska patienten och eller närstående ges information om tillstånd, få möjlighet att delge sina egna tankar och önskningar och på så sätt ges möjlighet att förbereda sig på döden. Personalen på vårdboendet är införstådda med att vården av Arvid nu handlar om att lindra. När hösten kommer somnar han in en morgon.

Kaos

I slutet av sommaren är Astrid nästan helt blind och hon hör illa även att hon har hörapparaterna på sig. LAH-läkaren pratar med hemtjänstpersonalen om att Astrid nu är betydligt sämre. Tyvärr förstår inte personalen att Astrid behöver mer hjälp och att hon inte ser längre. De förstår inte att om de sätter igång tvättmaskinen med tvätt måste de gå dit och hänga upp tvätten. Personalen ställer inte in disken i diskmaskinen utan den får stå på köksbordet under hela dagen. De bäddar inte i nya sängkläder när de bytt vilket gör att Astrid ofta lägger sig på bara madrassen med en filt över sig. I slutet av augusti genomförs ett brytpunktssamtal, men personalen och den ansvarige chefen för hemtjänsten förstår inte vad det innebär med palliativ vård (10). Vid ett tillfälle när Christina är hos Astrid börjar hon krampa och Christina kontaktar LAH som ordnar med inläggning på sin vårdavdelning. På avdelningen är det en lugn stämning. Astrid mår bra av det. Kramperna försvinner och hon kan vara uppe igen.

Arvid går bort under tiden Astrid är på vårdavdelningen. Astrid får bra stöd av personalen som tar sig tid att prata med henne. Hon kommer hem till sin lägenhet efter ytterligare några dagar på vårdavdelningen. Hemtjänsten har ökats upp och hon ska få hjälp med insulin och läkemedel samt extra tillsyn under nätterna. Sören och Christina bestämmer sig för att sova hos Astrid varannan natt för att hon inte ska behöva vara ensam kvällar och nätter efter att Arvid har gått bort.

Christina kontaktar den präst som tillhör församlingen. Prästen kommer hem till Astrid för ett samtal om hur hon vill att Arvids begravning ska gå till. Kyrkan har varit viktig för familjen. Där har de gift sig, döpt sina barn, konfirmerats och varit på julotta, men några aktiva kyrkobesökare har de inte varit. Kyrkan har funnits där som en del av livet. Prästen är en medelålders man med mjuk röst. Han tar sig tid och lyssnar på vad Astrid berättar om Arvid och den saknad hon känner.

– Den här delen av livet har vi aldrig pratat om, Arvid och jag. Det sista året har både han och jag varit för sjuka för att ta upp frågan, men jag vill att det ska vara vackert och positivt, inte för sorgesamt. Fina blommor och fin musik. Vi var gifta i 65 år, det har alltid varit vi två.

Astrid beskriver Arvids intresse för musik och trädgård. Berättar om alla resor de gjort i Sverige och Europa.

– Han var inte den som gjorde något större väsen av sig. Det var viktigt för honom att göra rätt för sig. Han ville inte ställa till med besvär. Hade mycket gott tålamod och var nöjd som vi hade det.

Hon berättar också kort om sig själv att hon i stort sett hela sitt liv arbetat inom socialtjänsten och hjälpt människor på olika sätt utifrån vad de har haft problem med. Astrid har alltid tyckt att alla människor har ett lika värde. Hon har aldrig nedvärderat någon människa. Hennes stora intresse har annars varit att läsa, skriva, teckna och se på idrott. I huset hade de en hel vägg med bokhyllor fyllda med böcker. Prästen sammanfattar och de bestämmer datum för begravning i den lilla kyrkan i villaområdet som de har bott i.

De kommande veckorna försämras Astrid ytterligare och hon kommer inte ihåg att hon ska äta, hur hon ska göra för att larma eller svara i telefonen. Det som sedan händer efter att Astrid kommer hem från LAH-avdelningen är att hon vid ett flertal tillfällen inte får sina läkemedel och insulin. Ofta är det inte signerat i signeringslistorna och det går därför inte att veta om Astrid fått det hon ska. Särskilt en personal ger henne alla läkemedel vid 17- tiden som skulle givits under kvällen. När Sören och Christina kommer till Astrid är dosetten för kvällens läkemedel tom och nattinsulinet har denna person signerat. Personen i fråga har delegering att ge insulin och läkemedel. Ingen har sett till att hon har fått något att äta på kvällen. Det är rörigt i hela lägenheten. Garderobsdörrar står öppna. Kläderna ligger på golvet. Sängen är obäddad, disk och sopor på hela köksbänken. Smutstvätt ligger uppe på tvättmaskinen. I vardagsrummet har någon satt ett stort tuggat tuggummi mitt på soffbordet. Omtanke och omvårdnad saknas helt. Det finns ett antal personer som kommer till Astrid som fungerar, men framför allt på är det på kvällar och helger som det brister. Kaoset gör att Astrid har svårt att orientera sig i lägenheten. Hon sover mycket och vet inte när hon ska äta. Christina och Sören har nästan haft daglig kontakt med verksamhetschefen och samordnaren som lovar att det inte ska hända igen, men inget blir bättre.

Inför en helg är både Christina och Sören genomförkylda med hög feber. Christina meddelar hemtjänsten att de inte kan sova hos mamman de kommande nätterna och att personalen måste gå till henne ofta. På söndagsförmiddagen ringer Elin från Astrids boende. Elin är en klok och bra person och som de känner sig trygga med när hon är hos Astrid. Hon meddelar att Astrid trillat någon gång under natten och att Elin upptäckte det när hon kom vid 09.00. Hon hade inte fått någon rapport om det och någon dokumentation fanns inte trots att Astrid ska ha extra tillsyn under natten. Astrid har slagit upp ett djupt sår i huvudet och ena armen. Det är blod i hela sovrummet. Elin har ringt LAH-personalen som skulle komma omgående. Natten mellan söndag till måndag sover Sören hos Astrid igen. Den personal som kommer på kvällen har inte fått någon rapport om Astrids fall föregående natt när Sören pratar med dem. Efter två veckor gör LAH-läkaren besök hos Astrid vid lunchtid. Läkaren hittar Astrid i ett hörn av köket. Astrid tar sig inte därifrån, hon vet inte var hon är eftersom hon inte ser längre. På köksbordet står frukosten. Läkaren larmar på personalen, men det kommer ingen. Lösningen blir att Astrid läggs in på LAH-avdelningen. Personalen där är lugn och omtänksam. Astrid mår bra av att vara där och hon får vara kvar där till hon somnar in i slutet av november.

Begravningen av Arvid har inte ägt rum när Astrid går bort. Christina och Sören kontaktar prästen som ordnar med en gemensam begravning för föräldrarna. Det blir en fin minnesstund med mycket blommor och vacker musik. Prästen håller ett fint tal om dem båda två. Efter minnesstunden äter de mat i församlingshemmet. Några veckor senare sätts urnorna ned i marken på kyrkogården. Arvid och Astrid är åter tillsammans.

Vem ska göra något?

Christina tar kontakt med kommunens äldreombudsman. Det blir ett bra samtal, ombudsmannen uppmanar Christina att göra en anmälan av det Astrid varit med om sin sista tid i livet. Anmälan skickas till leverantören av verksamheten som sedan utreder och lämnar ett svar på vad som inträffat. Tyvärr har inte ombudsmannen mandat att göra något utan är den som tar emot anmälningar från personer som inte är nöjda med äldreomsorgen i kommunen. Äldreombudsmannen kan också se de tidigare anmälningar som gjorts och den anmälan sjukhuset gjorde av Arvids vårdboende angående vanvård. Christina skickar in en anmälan och verksamheten svarar att det stämmer det hon beskriver, men några åtgärder vidtas inte. Undersköterskan får fortsätta dela ut mediciner på de tider som passar hen. Palliativ vård kommer fortsatt saknas varken chef eller anställda har kunskap om vad det innebär. Astrid hade turen att vara ansluten till LAH men hur är det för alla andra som är i behov av palliativ vård? Hur går det för dem som inte har anhöriga som kan besöka dem ofta? Christina förstår att många far väldigt illa sin sista tid i livet.

Äldreombudsmannen redovisar varje år en rapport över de ärenden som kommit in under året. Rapporten lämnas till kommunens tjänstemän och äldrenämnden. Kommunen har en mängd anmälningar varje år men få åtgärder vidtas.

Den anmälan Christina gör till IVO där hon tagit upp fem leverantörer av äldreomsorg som brustit på många olika sätt får hon svar på inom två veckor. IVO hänvisar till kommunerna och att det är deras skyldighet att följa upp och åtgärda missförhållanden inom äldreomsorgen. Den anmälan Christina gjort tas dock med i den nationella genomlysningen av flera städers äldreomsorg.

Hon tar kontakt med äldrenämndens ordförande och får komma för att träffa hen en förmiddag. Hen är ny i sin roll, lyssnar på vad Christina berättar och håller med om att så här får det inte gå till. Det är flera förändringar på gång. Kameraövervakning och områdesbaserad vård och omsorg vilket innebär att kommunen har delats upp i olika geografiska områden där fyra utförare har ett helhetsansvar. En och samma utförare har i respektive område ansvar för hemtjänst, hemsjukvård, hemrehabilitering och biståndsbedömda trygghetsboenden (tidigare kommunala trygghetsboenden och servicehus). I övrigt är det inga åtgärder på gång inom närtid. Hen tänker också själv göra bokade besök olika äldreboenden för att skapa sig en bild av hur det fungerar i verksamheterna.

Tidningen Omvårdnadsmagasinet ligger i Christinas postfack. Hon tar tidningen och sätter sig i köket för att läsa den. I tidningen finns en artikel med titeln »Vård i hemmet knappast riskfritt«. Forskaren har granskat 600 journaler inom hemsjukvården och upptäckt 495 omvårdnadsrelaterade incidenter. Den vanligast möjliga bidragande orsaken till såväl tillbud som skador var enligt forskaren försenad, felaktig eller utebliven omvårdnad. Kanske kan forskningens resultat bidra till en förändring av äldreomsorgen? (11).

Det måste bli bättre

Det har nu gått en tid efter föräldrarnas bortgång. I vardagsrummet på en byrå med marmorskiva har Christina ställt ett fotografi av föräldrarna. Fotografiet tog hon när de var på utflykt till en rosträdgård en sommar för några år sedan. I bakgrunden syns de fina rosorna. Arvid och Astrid står och håller om varandra. De ser nöjda och glada ut. Ovetande om vad de kommande åren ska innebära för dem.

Christina och Lena är fortfarande arbetskamrater. Sören fortsätter arbeta som bagare och barnbarnen studerar till tekniska yrken. De kan inte tänka sig att arbeta inom vården, men Erik besöker Evert en gång i veckan på vårdboendet där han sommarjobbade. Majvor har gått i pension och Christinas kurskamrat Birgitta har slutat som chef på vårdboendet. Hon arbetar i stället på 1177 och så vaccinerar hon när det behövs personal till det. Hennes man är nöjd. Nu orkar Birgitta göra saker på fritiden igen. Alla har de fått sin dos av äldreomsorgen.

Christina sjunker ner i sin bästa blommiga fåtölj. Tar av sig stödstrumporna och lägger upp benen på fotpallen. Det har varit en lång och intensiv arbetsdag. Hon behöver koppla av med något. Först läser hon i lokaltidningen. Där är återigen en artikel om en incident på ett vårdboende. En man med sväljningssvårigheter hade lämnats utan tillsyn vid frukosten och kvävts av en bit smörgås. Hon sätter på radion istället och hör då en monoton röst som hon känner väl igen. Det är lokalradion som presenterar ett utvecklingsprojekt inom äldreomsorgen. Rösten tillhör en av de chefer som var leverantör av föräldrarnas äldreomsorg. Nu har chefen i stället ett uppdrag som projektledare. Christina ryser när hon hör rösten. Hon tycker att det hörs i radion hur empatilös personen är och det påminner henne om de tråkigheter föräldrarna utsattes för. Hon stänger av radion och tar i stället fram den nötta och slitna boken av William Dickstone med titel »Hemmets illustrerade Läkarebok« (12). Det är tredje upplagan tryckt 1940. Boken hade hennes mammas mormor och morfar haft i sitt hem, och de läste i den när de behövde råd om olika sjukdomar. Den innehåller allt från hur fetsot ska behandlas till bilder på hur en förbrytare ser ut. I slutet av boken finns ett avsnitt om hur en äldre människa ska tas omhand. Där framgår att en god kost med mycket grönsaker, att hålla kroppen varm och god sömn är av största vikt. Små sår och lätta förkylningar bör skötas omsorgsfullt annars kan de bli ödesdigra.

Är det ingen som läst detta tidigare eftersom äldreomsorgen ser ut som den gör i dag? De grundläggande behoven måste tillgodoses och det behövs en kommunikation där en bedömning görs av vilken vård de boende är i behov av samt vad de kan bidra med själva för att vara delaktiga i sin vård. Kunskap i omvårdnad behövs hos både den vårdande personalen, ledare (på alla nivåer) och beslutsfattare.

Den röda katten med lurvig päls går tyst över golvet och lägger sig sedan i hennes knä. Den spinner och vill bli klappad. Det är skönt med närhet och värme från den. Katten får henne att slappna av. Hon tänker på Tage Danielssons dikt. Hur ska hon kunna kämpa vidare för människors rätt till ett värdigt avslut. Jag ska nog skriva en bok om våra erfarenheter av äldreomsorgen. Sedan somnar hon med Dickstones bok i knät.

> Det är ens skyldighet att
> hålla glädjen levande.
> Det kan vara tungt, men
> man måste försöka.
> Om man ger upp och
> drunknar i sorgen ökar
> man världens elände.
> Tage Danielsson

Tack

Den här boken har många människor bidragit till. Den skulle inte blivit skriven utan dem. Min bror Hans Hellman och min moster Gun Johansson har under arbetets gång vid ett flertal tillfällen läst och lämnat kommentarer om texten. Goda vännen Lena Lindhe Söderlund har läst, besvarat många frågor från mig och uppmuntrat till fortsatt skrivande. God hjälp med texten och svar på frågor har jag även fått av min lektör Elisabet Norin. Vännerna Christel Max, Annika Englund, Carina Stenman, Eva Friberg och Anette Uckner har bidraget med berättelser från sina egna erfarenheter av äldreomsorgen. Ett stort tack vill jag också ge Isabell Boholm som hjälpt mig med bokens omslag.

Skrivandet av boken har varit en resa för mig, där jag satt ord på mina och andras upplevelser. På den resan har min familj, vänner och mina arbetskamrater varit ett gott stöd. Ett stort tack till er alla för allt ni bidragit med. Tillsammans kan vi arbeta för att alla människor ska få ett värdigt avslut.

Eva Hellman

Referenser

1. Julklappspelet
   - https://julklappslekar.se/
   - Hämtad 20240207 kl. 17.52

2. Skolverket kurs i omvårdnad
   - https://www.skolverket.se/
   - Hämtad 20240207 kl. 17.53

3. Lag (1993:387) om stöd och service till vissa funktions-
   hindrade (LSS)
   - https://www.riksdagen.se/sv/dokument-och-lagar/
     dokument/svensk-forfattningssamling/lag-1993387-
     om-stod-och-service-till-vissa_sfs-1993-387/
   - Hämtad 20240207 kl. 17.55

4. Svenska för invandrare (SFI)
   - https://utbildningsguiden.skolverket.se/languages
   - Hämtad 20240207 kl. 17.56

5. Inspektionen för vård och omsorg (IVO)
   - https://www.ivo.se/
   - Hämtad 20240207 kl. 17.58

6. Ädelreformen
   - https://sv.wikipedia.org/wiki/%C3%84delreformen
   - Hämtad 20240207 kl. 17.59

7. Lag om personcentrerad vård
    – https://www.riksdagen.se/sv/dokument-och-lagar/
      dokument/svensk-forfattningssamling/patientlag-
      2014821_sfs-2014-821/
    – Hämtad 20240207 kl. 18.02

8. Lag om samordnad individuell plan (SIP)
    – https://www.riksdagen.se/sv/dokument-och-lagar/
      dokument/svensk-forfattningssamling/lag-2017612-
      om-samverkan-vid-utskrivning-fran_sfs-2017-612/
    – hämtad 20240207 kl. 18.01

9. Lasarettsansluten hemsjukvård (LAH)
    – https://sv.wikipedia.org/wiki/Lasarettsansluten_hem
      sjukv%C3%A5rd
    – Hämtad 20240207 kl. 18.04

10. Definition av palliativ vård enligt WHO
    – https://www.nrpv.se/wp-content/uploads/2022/10/
      Definition-enligt-WHO.pdf
    – Hämtad 20240207 kl. 18.06

11. Nilsson L, Lindblad M, Johansson N, Säfström L, Schild-
    meijer K, Ekstedt M, Unbeck M
    – Exploring nursing-sensitive events in home healt-
      hcare: A national multicenter cohort study using a
      trigger tool International Journal of nursing studies
      Volume 138, February 2023, 104434

- https://www.sciencedirect.com/science/article/pii/
  S0020748922002632
- Hämtad 20240207 kl. 18.07

12. Dickstone William Hemmets illustrerade Läkarebok
    Malmö Konsttryckanstalt AB Malmö 1940